LA FONTAINE

SAINTE-CATHERINE.

II.

Tom. 2.

Prenez ce Reliquaire? il renferme un os d'un doigt de Saint Léolarde!

LA FONTAINE

SAINTE-CATHERINE,

Par M. Ducray Duminil.

Ornée de quatre figures.

Tant que cette eau coulera lentement
Vers ce ruisseau qui borde la prairie,
Je t'aimerai, me répétait Sylvie....
L'eau coule encore, elle a changé pourtant !
  FLORIAN.

TOME SECOND.

A PARIS,

Chez MÉNARD et RAYMOND, Libraires, rue
des Grands-Augustins, n.° 25.

1813.

LA FONTAINE
SAINTE-CATHERINE.

CHAPITRE PREMIER.

Voyage Sentimental.

« Dieu de miséricorde ! daignerez-vous prendre compassion d'un malheureux pécheur, ou le laisserez-vous mourir de faim et de lassitude dans cet asile écarté, sur cette terre inhospitalière ! »

Ces paroles étaient prononcées du ton le plus lamentable par un pauvre voyageur, exténué de besoin, de fatigue, que ses pieds ensanglantés avaient forcé de tomber sur les ronces dans le bois épais, à l'entrée duquel se trouvait la maison de Vernex.

Gérald et son fils, qui venaient de

sortir de cette maison par le chemin souterrain et d'autres routes connues d'eux seuls, entendirent ces gémissemens. Gérald avait un cœur trop bon, trop humain, pour, quel que fût le danger qu'il courait, passer outre, et mépriser les plaintes de son semblable. Il vola donc à celui-ci, et remarquant qu'il était revêtu d'un habit ecclésiastique, cela lui inspira plus d'intérêt pour l'étranger. Qu'avez-vous, lui dit-il, monsieur l'abbé; de quoi vous plaignez-vous? —Monsieur, je suis un pécheur; j'ai offensé Dieu, et Dieu me punit...Mais dois-je m'expliquer? — Faites-moi d'abord part des besoins que vous éprouvez; si je puis les soulager, je le ferai, et après vous m'ouvrirez votre ame, si vous me jugez digne de votre confiance. — Monsieur! il me faudrait des alimens et une voiture. — La voiture n'est pas à ma disposition ; mais je puis vous offrir de quoi réparer vos forces. Tenez, prenez.

Gérald partage avec l'ecclésiastique les légères provisions dont Vernex a eu soin de le charger, et l'étranger reprend ses forces.

Mon père, dit tout bas Fidély, n'est-il pas imprudent à nous de nous arrêter là, tandis qu'on vous poursuit ? — Il n'y a aucun danger, mon fils ; Dieu protégera l'homme qui donne des secours à l'infortuné. Eh bien, monsieur, eh bien, vous remettez-vous ? — Que de graces, répond l'étranger ! oh, quelle loi ! jamais je ne pourrai m'y soumettre ! — De quelle loi parlez-vous ? — De la plus terrible qu'on ait pu m'imposer !... Tel que vous me voyez, messieurs, je suis un des plus riches chanoines de la cathédrale d'Auch. Pour expier une faute légère, dont mes ennemis m'ont accusé, monseigneur l'archevêque m'a ordonné d'aller à pied et sans argent visiter toutes les églises de la province, pour y prier Dieu et faire pénitence. — Comment, sans argent ! et de quoi vivez-vous ? — J'ai ordre de monseigneur de confesser ma faute à chaque curé, à chaque prieur, et de lui demander l'aumône, ajoutant ainsi à la fatigue, la honte et la bassesse de la mendicité ! Je dois faire ce vil métier pendant un mois entier, après quoi je rentrerai chez moi, et j'y retrouverai toutes les aisances de la vie auxquelles je suis habitué. Comment veut-on que j'exécute à la lettre une pareille pénitence, quand, venu à pied d'Auch jusqu'ici seulement, je ne peux déjà plus marcher !

Gérald donne à cet infortuné quelques gouttes d'un cordial et lui dit : L'aveu que vous me faites m'étonne à un point ! vous êtes chanoine ? — Je le suis. — Riche. — Oh, très-riche. — Et votre archevêque vous ordonne d'aller demander votre vie pendant un mois ? — En exigeant que je me confesse à tous les chefs de communautés religieuses, ce qu'il y a de plus humiliant. — Monsieur l'archevêque a-t-il donc ce droit sur vous autres, messieurs ? — Monsieur l'archevêque d'Auch, vous devez le savoir, a le titre de primat d'Acquitaine. Outre ses chanoines réguliers, il a encore dans son chapitre cinq chanoines séculiers. Le roi Louis XIV est un de ces cinq chanoines, en sa qualité de comte d'Armagnac. Notre roi donc, et illustre collégue, a cédé à monseigneur tous ses droits sur le clergé, et nous devons tous obéir à monseigneur, sous peine d'être renfermés à jamais dans une étroite prison. — Je comprends et je ne vous en plains pas moins. J'ose supposer néanmoins que vous avez mérité votre peine ; car monsieur l'archevêque passe pour l'homme le plus juste, le plus humain ! — Le plus dur, monsieur, le plus sévère ! — On m'en avait fait un tout autre portrait. Je dois cependant compatir à vos souffrances et y mettre un terme, si je le puis. Retournez vers votre ville : entre Birnau et Auch, vous trouverez un couvent de capucins, vous m'y attendrez ; je verrai monseigneur et le supplierai de vous faire grace. J'ose espérer qu'il sera sensible à mes prières. — Vous croyez, monsieur !... qui êtes-vous donc ? — Je.... je ne me flatte pas en vain, vous le verrez.

Il y avait un air d'assurance et même

de solemnité dans le ton avec lequel Gérald prononça ces paroles. Elles frappèrent l'ecclésiastique qui s'écria : Je crois entendre Dieu même qui parle par votre bouche. Daignez accepter ce reliquaire, que je porte à mon cou : il renferme un os d'un doigt de saint Léotalde; puisse-t-il vous procurer le pouvoir d'attendrir monseigneur ? — Je... je l'attendrirai. Votre nom, monsieur ? — Je m'appelle le chanoine Sably. — Je l'inscris sur mes tablettes.... L'y voilà ; bien ; adieu, monsieur ; allez attendre de mes nouvelles où je vous ai dit.

Gérald et Fidély quittent cet homme qui se lève, les bénit de loin et retourne sur ses pas, comme sûr de la parole qu'on vient de lui donner et décidé à revenir au point d'où il était parti.

Vous allez donc à Auch, mon

père, dit Fidély? — Nous ferons bien, mon fils, de nous établir non loin de cette ville. — De nous... établir? — Marchons, mon ami, regagnons le temps perdu. En conscience, nous ne pouvions pas laisser là mourir cet ecclésiastique sans le secourir! — Mais, mon père, si vous allez à Auch, il me semble que vous n'en prenez pas le chemin? — Nous le reprendrons là bas, en quittant ce bois; nous y prendrons une route qui mène droit à Pierre-Fitte. Nous tournerons autour de ce bourg, et nous retrouverons un autre bois, non moins épais que celui-ci, qui nous évitera de passer par Lourde, et même par Tarbes. Mon Fidély, une fois que j'aurai atteint Auch, je craindrai beaucoup moins. Si tu me secondes, nous y serons après demain au soir. — Mon père, où passerez-vous ces deux nuits ? — Dans des auberges, mon ami. Il est deux heures ; nous coucherons, ce soir, chez un bûcheron de ma connaissance, un homme bien hospitalier, et qui demeure aux environs de Lourde, dans la forêt même dont je te parlais tout à l'heure. Demain, nous verrons, c'est selon le chemin que nous ferons. — Mais, mon père, ne redoutez-vous point que les gardes envoyés par ce baron ?...— Ils ne nous reconnaîtront pas ; laisse-moi faire ?

Ils arrivèrent en effet, le soir même, chez un bon bûcheron, au tiers d'une épaisse forêt. C'est vous, saint homme, s'écria ce paysan ! — Paix? taisez-vous, mon cher Michaud, et accordez-nous un asile pour cette nuit ? —Quoi, vous ne me permettez pas de vous remercier ?.. — Pas un mot de cela, je vous prie, devant ce jeune étranger qui voyage avec moi... vous savez ?...—Oh, mon Dieu! toujours les mêmes persécutions apparemment ? — Plus fortes que jamais. — Les méchans ! oh, les méchans !

Le bûcheron fit venir sa femme, ses enfans qui voulurent se jeter au cou de Gérald, en l'appelant leur bienfaiteur. Gérald les fit taire, les embrassa et leur présenta Fidély comme le fils d'un de ses amis. On soupa gaîment, et nos voyageurs passèrent une excellente nuit, chacun dans une chambre séparée, mais voisine l'une de l'autre.

Le lendemain, à son réveil, Fidély fut bien étonné de voir entrer chez lui son père tout habillé, portant des vêtemens d'ecclésiastique à peu près pareils à ceux du chanoine Sably. Gérald jeta sur son lit des habits semblables aux siens, et lui ordonna de s'en vêtir. Le jeune homme, étonné, allait faire des questions ; son père lui mit un doigt sur la bouche, en lui faisant signe qu'il a promis de se taire.

Voilà donc Fidély habillé en petit abbé, et tout à fait gentil sous ce déguisement. Il est mis absolument comme Gérald, à l'exception que celui-ci a caché une partie de sa tête sous une énorme perruque blanche, tandis que les cheveux bruns du jeune homme sont dissimulés par une perruque aussi, mais d'un blond cendré ; ce qui dénature entièrement ses traits. Nous voilà, maintenant, dit Gérald, attachés tous deux au culte du Seigneur ; et je défie qu'on nous reconnaisse, sur-tout quand nous serons couverts de ces chapeaux, dont les énormes bords ronds écraseront tout à fait notre figure. C'est ainsi, mon ami, que nous allons voyager, jusqu'au lieu de notre destination, si Dieu nous prête son aide.

A ces mots, Gérald remercia le bûcheron, qui ne parut nullement étonné de ce travestissement, et il s'enfonça dans les bois avec son fils, chacun toujours un paquet sous le bras.

Maintenant, dit Gérald, et ici surtout, nous ne craignons plus les sbires du perfide Salavas. — A propos de ce méchant homme, oserais-je vous prier, mon père, de me finir, tout en marchant, l'histoire de la belle Sygemonde, qu'il a interrompue au moment le plus intéressant, selon moi. — Volontiers, mon fils ; cela adoucira pour nous l'ennui du voyage. J'en étais resté au moment..... — Où le comte emporte l'enfant nouveau-né et s'en retourne en Bohême, avec le jeune Théobald, dans leur chaise de poste, portant encore leurs effets. — Comment, leurs effets ? mais les effets les plus précieux ! La corbeille de mariage que Théobald devait donner à sa prétendue était garnie des bijoux, des diamans les plus riches et les plus brillans; sans compter les dentelles, les magnifiques étoffes de soie, tout ce que la fortune et le goût peuvent imaginer de plus beau. C'est ce qui donna l'idée à Salavas et à Le Roc du complot abominable qu'ils tramèrent ensemble contre les deux voyageurs.

FIN DE L'HISTOIRE DE LA BELLE SYGEMONDE.

« Je t'ai dit qu'il fallait, pour arriver à la terre du comte Sygemond, en Bohême, traverser une forêt qu'on disait investie depuis peu par une troupe de brigands. Le baron voulut d'abord s'assurer de la vérité de ce fait. Il monta à cheval, et, courant jour et nuit à toute bride, il parvint à devancer d'une grande journée la voiture du comte. L'ayant rencontré sur une route, il avait remarqué que sa chaise de poste ne contenait que lui, le jeune Théobald, et une nourrice de campagne tenant la petite fille sur ses genoux. Le comte, se dit-il, a pris une nourrice ; donc il veut élever mon enfant ; mais, comme il ll'a dit, sous un nom supposé. Je ne lui laisserai pas ce soin tout à fait paaternel !

» Un postillon menait cette chaisse, derrière laquelle était un seul domeestique.

» Le baron rejoignit Le Roc, quui voyageait aussi avec lui et comme luui.

Il l'installa dans une auberge, et voulut risquer seul la plus périlleuse des aventures ; mais que ne brave point un méchant pour faire le mal et se venger ! Il semble même que le hasard se plaise à le servir ! Ce serait une cruelle réflexion pour l'homme de bien, si l'expérience ne lui apprenait pas que, tôt ou tard, la colère céleste tombe sur le coupable et le pulvérise de sa foudre vengeresse. Quand on ne voudrait pas regarder autour de soi, pour se convaincre de cette vérité, les tribunaux, en punissant les plus adroits criminels, en offrent, tous les jours, mille preuves.

» Le baron, se voyant donc une journée d'avance sur ses ennemis, ainsi qu'il les regardait, entra seul dans la forêt, et se dirigeant dans la partie la plus sombre et la plus déserte, il n'y fut pas long-temps sans voir fondre sur lui deux brigands qui lui demandèrent la bourse ou la vie. Ma bourse, leur dit-il froidement, serait peu de chose; je veux vous procurer une meilleure aubaine.—Dieu ! s'écria un des voleurs, c'est monsieur le baron de Salavas !

» Le baron examina cet homme et reconnut en lui un domestique que son père avait chassé pour vol. C'est moi-même, dit le baron ; oui, Ramplan, je suis le fils de votre ancien maître ; à cet égard, je mériterai peut-être de vous quelque considération. Ecoutez-moi ? vous avez un chef sans doute ici ? — Oui, nous en avons un.—J'ai quelques confidences à lui faire pour son intérêt, pour le vôtre ; conduisez-moi vers lui ? En me bandant les yeux, je ne vous serai pas suspect ; j'entrerai, je parlerai et sortirai sans voir où je suis, sans
connaître

connaître aucun de vous, non plus que le lieu de votre retraite. Ne craignez rien, je suis du nombre de ces philosophes qui vous plaignent plus qu'ils ne vous méprisent. Je vous serai utile ; je vous le jure.

» Les deux voleurs se parlèrent à l'oreille, se concertèrent, et, tirant de leur sac une énorme pièce de drap, ils en entourèrent la tête du baron de manière à l'empêcher de voir, sans lui ôter la liberté de respirer et de parler. Ils le prirent ensuite, chacun par un bras, et l'introduisirent ainsi dans le repaire infernal, où ils se dérobaient à tous les regards. Quand ils l'eurent fait asseoir, l'un d'eux, Ramplan, lui dit : Vous pouvez parler ; vous êtes devant notre chef et tous nos camarades.

» Le baron était ému ; mais il dissimula sa terreur, et dit : Combien êtes-vous d'hommes ici ? —Pourquoi cette question, répondit le chef ? dis-moi ce que tu nous veux d'abord, et nous te répondrons après, si cela nous plaît ? — Il est nécessaire avant tout, que tu me dises d'abord combien tu commandes d'hommes ; qu'est-ce que cette demande peut avoir de redoutable ?— Oh, nous ne craignons rien. Nous pouvons rassembler trente hommes, cinquante, s'il le faut.—Tant mieux. Je viens vous indiquer un coup de main excellent. Un jeune seigneur de la Bohême était venu à Vienne pour s'y marier ; il avait apporté une caisse pleine de diamans et de bijoux. Renonçant à la main de sa prétendue, à laquelle il destinait ces riches effets, il est reparti de Vienne avec sa caisse. Elle est à vous, si vous la voulez.

» Le chef consulte ses camarades,

en secouant la tête en signe de doute, et répond au baron : Cette confidence est suspecte. Pourquoi la fais-tu ? quel est ton motif pour perdre ce seigneur, et nous obliger, nous qui n'avons aucun rapport avec toi.— Faut-il vous le dire ? ce seigneur est mon rival ; je suis l'amant de celle qu'il voulait épouser. Elle m'a même donné un gage de son amour, que ce rival furieux et son père m'ont arraché ; oui ! ils emportent avec eux, dans leur voiture, ma fille, ma propre fille. Vous jugez de ma douleur, du désir de vengeance qui me brûle, de celui sur-tout qui me domine, de leur enlever à mon tour mon enfant ! Ces considérations sont-elles assez fortes ? ne suis-je pas au comble du malheur ; et devez-vous avoir, vous autres, plus de délicatesse que moi.

» Les voleurs se regardent, comme

en disant : Eh, mais il a raison. Tu veux donc, reprend le chef... — Je veux que vous me vengiez ? — Et partager sans doute l'or et les diamans ?... — Loin de moi une pareille idée ! je ne veux que me venger, vous dis-je ! Leur chaise de poste, peinte en gros verd, doit passer, d'après mes calculs, par le bois, sur la grande route, demain matin entre cinq ou six heures, mettons-en sept. Elle porte un vieillard, un jeune homme, une nourrice, un enfant à la mamelle et un domestique par derrière. Je ne vous parle pas du postillon, cela va sans dire. Il faut donc que vous vous mettiez en nombre suffisant pour attaquer ces voyageurs. Faites d'eux ce qu'il vous plaira : je ne vous demande que l'enfant, qui est l'unique bien que je désire ? Je passerai la nuit avec vous, dans cet état, les yeux cachés de ce bandeau ; je resterai ici jusqu'après votre expédition. Vous me rendrez ma fille, et vous me reconduirez dans la forêt aussi secrètement que vous m'avez amené ici, mais sûrement; c'est tout ce que je vous demande. Si la voiture ne passe pas demain; si vous croyez que je vous ai fait un conte, punissez-moi alors comme vous le jugerez à propos; je me mets entièrement à votre discrétion.

» Les voleurs, enchantés, acceptèrent cette offre désintéressée, et le baron resta, jusqu'au lendemain matin, au milieu d'eux et des plus viles orgies, qu'il fut obligé de partager ! Peut-on pousser plus loin la scélératesse ?

» A l'heure convenue, vingt brigands allèrent s'embusquer dans le bois. La voiture passa, fut dévalisée; le comte, le jeune Théobald, leur domestique, le postillon et jusqu'à l'innocente nourrice, y perdirent la vie, et les assassins revinrent triomphans à leur repaire, apportant l'enfant, et chargés de la caisse d'effets, objet qui leur était le plus précieux.

» Le chef des voleurs, remettant alors l'enfant entre les mains du baron, lui dit : Voilà votre fille ; vous êtes content, et nous aussi. Retirez-vous maintenant comme vous le pourrez ; car aucun de nous n'est curieux à présent de vous reconduire. Vous entendez bien qu'il faut que nous délogions tous et le plus promptement possible ; on ne manquera pas de faire une jolie battue dans la forêt ! nous la quittons à l'instant. Adieu, camarade.

» Le camarade, ainsi qu'il était trop justement nommé, fut mis à la porte de la caverne des brigands ;

et, quand il eut fait quelques pas dans la forêt, il arracha le voile qui couvrait ses yeux, et se hâta, par des chemins détournés, d'aller rejoindre Le Roc, à qui il fit part du succès de ce qu'il appelait sa vengeance. A présent, dit-il, mon cher Le Roc, il n'y a plus d'obstacle à mon bonheur. Sygemonde est orpheline, héritière de grands biens et libre de disposer de sa main. Je vais devenir son époux, et élever ta fortune au plus haut degré !

» Tout semblait en effet lui faire présager cet heureux changement. Mais, quand il voulut revoir l'objet de ses séductions, on lui apprit qu'elle même avait donné l'ordre de lui refuser tout accès chez elle. Cette malheureuse Sygemonde, accablée déjà du poids de ses remords, de la malédiction de son père, apprit bientôt,

non seulement que ce père infortuné avait été assassiné, ainsi que le jeune Théobald ; mais encore que le scélérat de Salavas était la cause de leur mort. Un des voleurs, témoin de sa conduite dans la caverne, avait quitté la bande, et avait remis, en secret, à Sygemonde, un écrit signé de lui et de quatre de ses camarades, dans lequel tout ce qu'avait dit et fait le baron, était détaillé mot pour mot. Qu'on juge de la douleur qu'éprouva Sygemonde, et de l'horreur que dut lui inspirer un pareil monstre. Elle le vit une seule fois, mais ce fut pour lui reprocher ses crimes et lui redemander son enfant, qu'il lui refusa, ajoutant qu'elle aurait sa fille quand elle serait décidée à l'épouser. Un tel excès d'audace indigna Sygemonde. Elle lui ordonna de taire à jamais tout ce qui s'était passé, sinon elle était
déterminée

déterminée à faire valoir en justice le témoignage des cinq voleurs, et par conséquent à le perdre, comme assassin.

» Elle avait du caractère et l'aurait fait comme elle le disait. Le baron fut terrifié. Des affaires d'un autre genre l'appelant, à cette époque même, en Italie, il s'expatria, et fit néanmoins élever la petite fille en France, sous un nom supposé, et ce fut cette enfant du malheur et du crime, dont jamais il ne s'avoua le père, qu'il maria depuis au chevalier d'Oxfeld.... Ce nom, Fidély, te frappe d'étonnement! tu te rappelles soudain que ta chère Inèsia est la fille de ce chevalier d'Oxfeld? Elle l'est par conséquent aussi de la fille de Sygemonde et du baron de Salavas. Le baron de Salavas est l'aïeul d'Inèsia, qui l'ignore, ainsi que l'ignora sa mère tout le temps qu'elle vécut. Le chevalier d'Oxfeld avait amassé une fortune de quatre cent mille francs, dont sa fille aurait hérité, si son aïeul méprisable, devenu son tuteur, n'en eût volé les trois quarts; mais il est encore un moyen de les lui faire restituer. Par la suite, on verra.... Quant à la belle et coupable Sygemonde, elle épousa, quelques années après la mort de son père, le comte d'Arloy de Figuière, dont elle devint éperduement amoureuse. Elle ne fut point trompée dans son nouveau choix. Le comte de Figuière, l'oncle du marquis d'Arloy qui éleva ta jeunesse, la rendit très-heureuse, d'autant plus qu'il eut le bonheur d'ignorer toute sa vie la faute grave qu'elle avait commise avant de l'épouser. Le baron de Salavas était trop occupé à tramer ailleurs de nouveaux forfaits, pour tourmenter encore Sygemonde et son époux. Sygemonde devint veuve, éleva son neveu, comme tu le sais, le maria et mourut, après l'avoir nommé, par substitution, héritier de ses grands biens. Elle ignorait ce que sa fille était devenue, si même elle existait, et elle ne s'en occupait plus, le baron de Salavas étant d'ailleurs toujours absent. Cette histoire te paraît singulière, extraordinaire ; elle te prouve, mon fils, que ce n'est pas seulement dans notre intérieur qu'il existe des mystères. Chaque famille, dans la société, a son secret qu'elle garde, et qui, s'il était dévoilé, l'accablerait souvent de honte et de douleur. Chacun a son roman, mon cher Fidély, et si l'on m'entendait, chacun en conviendrait intérieurement. Je le répète, il n'est pas de famille dont un de ses membres au moins n'ait fait une faute, et, dans ce siècle de débauche, d'immoralité, si on allait rechercher la naissance de beaucoup de gens, on verrait bien des fronts rougir et se cacher dans la poussière.... Ainsi donc, mon fils, Inèsia est la petite-fille de mon plus mortel ennemi ; pouvais-je te laisser former une pareille alliance ?... Inèsia est en même temps la petite-fille de la comtesse de Figuière. Elle est par conséquent son héritière naturelle ; devais-tu envahir les grands biens de cette orpheline, toi qui n'appartiens en rien à la famille d'Arloy ?...C'était tromper en même temps et voler, pour ainsi dire, ta mère adoptive et ta femme ! L'honneur ne repousse-t-il pas une pareille conduite, dis, Fidély ? Que serais-tu devenu si tu avais appris tout cela après ton mariage ? — Mais, mon père, Inèsia ne sera jamais reconnue ; les choses restant toujours dans le même état, il me semble... — Patience ; que le ciel m'accorde la faveur de terminer d'abord mes propres affaires, si je puis m'occuper de celles des autres, celle-là ne sera pas difficile à éclaircir ; j'ai en main toutes les preuves. — Toutes les preuves !... »

Le jeune homme réfléchit et ajoute : Vous n'avez pas sans doute celles de l'affreuse conduite du baron dans la caverne des brigands ?... elles sont assurément restées dans les papiers de la comtesse Sygemonde ?... Que sont-elles devenues ? en quelles mains sont-elles tombées ? comment, vous-même, avez vous eu tous ces détails de voleurs ? — Hélas, mon fils ! je vais bien te surprendre, en t'apprenant que, parmi ces brigands, j'avais des amis. — Des amis, grand Dieu !.... vous, mon père ? — Moi, mon fils, et de véritables amis, que je possède encore.

Fidély recule deux pas et s'écrie : Qui êtes-vous donc ? — Tu oublies ton serment, mon fils ! Quand je te dis que tu ne dois pas me presser de questions, tu en vois la conséquence.

Fidély s'éloigne en répétant tout bas : Des amis ! parmi des voleurs et des assassins de grande route ! ô honte !

Gérald le rappelle : Te voilà, lui dit-il, tout décontenancé ? tu m'interroges ; il faut bien que je te dise la vérité.... Allons, reviens à moi ? de la confiance, mon fils ? songe que tout se découvrira un jour, et qu'alors ton père se flatte que tu lui accorderas toute ton estime. En attendant ce moment tant désiré, Fidély, tiens ton serment, je t'en supplie? tiens ton serment, te dis-je, ou nous serons forcés de nous séparer, et je perdrai pour jamais mon unique consolation, si je perds mon cher fils.

Des ruisseaux de larmes coulèrent des yeux de Gérald. C'était la première fois que Fidély le voyait pleurer. Il en fut attendri, et sauta au cou de ce bon père, en s'écriant : Qui que vous soyez, mon père, il y a dans votre personne, dans le son de votre voix, dans vos discours, quelque chose de grand, de noble, d'imposant, qui respire la vertu, et je ne puis que m'attacher à vous de plus en plus.—Bien, mon fils, très-bien : vois, écoute, profite et garde le silence, c'est tout ce que je dois te recommander!

CHAPITRE II.

Station à l'Hermitage.

Le baron de Salavas, en quittant, furieux, la maison de Vernex, où il avait retrouvé Fidély, et sur-tout Gérald, dont la découverte était plus importante pour lui, fit en effet ce qu'il lui avait promis. Il rassembla quelques pastoureaux qu'il rencontra; et, leur donnant de l'argent, il leur commanda, par ordre du roi, d'aller entourer cette maison, qu'il leur désigna, et de n'en laisser sortir personne jusqu'à son retour; mais cela ne put pas être fait assez promptement pour que Gérald et son fils ne trouvassent pas le temps de fuir. Ils étaient déjà bien loin, quand les paysans arrivèrent, et bien plus loin encore, lorsque le baron revint avec un ordre de l'intendant de la province, pour faire arrêter son ennemi. Vernex, interrogé, persista à soutenir que le baron s'était trompé, que l'individu proscrit n'était autre que le vieux Père Eustache, aveugle bien connu de tout le monde, à qui il faisait, lui Vernex, des charités que cet infortuné venait chercher tous les jours. Les paysans eux-mêmes, qu'on avait transformés en satellites, confirmèrent cette assertion, et l'exempt, ainsi que sa suite, connaissant très-bien, et depuis long-temps, le vieux mendiant, regardèrent le baron de Salavas comme un fou qui avait des visions. Ils revinrent rendre compte de leur méprise à l'intendant qui dit tout bas au baron : Quand ce serait la personne que vous cherchez, j'ai réfléchi depuis votre départ que, pour de fortes raisons, que vous devez apprécier, je ne dois pas me mêler de cette affaire délicate. Il faut, monsieur, un ordre du roi lui-même, pour... vous m'entendez!... Je retire le mien, et ne puis vous donner satisfaction là dessus que vous n'ayez pris vous-même les ordres de Sa Majesté, ou ceux de son petit-fils.... Vous sentez la force de ce raisonnement ; ne comptez donc pas sur moi.

Le baron reste fort étonné : il s'écrie : Eh quoi, monsieur, il nous échappera donc toujours!--Toujours, s'il n'y a que moi qui le fasse arrêter. Qu'un autre intendant, s'il quitte ma généralité et passe dans une autre province, qu'un magistrat quelconque prenne cela sur lui, il en sera le maître; je puis même vous en offrir la facilité, en faisant suivre les traces de votre ennemi par une police secrète, qui épiera ses pas, ses démarches ; mais sans lui nuire en rien, et seulement pour votre instruction. Je le répète, s'il voyage dans une autre contrée de la France, vous saurez alors où le trouver, et vous agirez en conséquence auprès d'un magistrat moins timide, ou plus imprudent que moi. Quant au jeune Fidély, qui accompagne, on ne sait pourquoi, l'aveugle ou votre Gérald, je puis le faire enlever celui-là, par-tout où il sera. Les droits de sa mère sont justes ; pour peu qu'elle m'en écrive, je lui rendrai son fils, en le faisant ramener de force au château. Voilà tout ce que je puis faire pour votre service.

Ce n'était pas là le compte du baron ; il accepta cependant l'offre des observateurs à placer sur les traces de Gérald, et promit de les récompenser amplement, s'ils lui donnaient, jour par jour, des renseignemens certains.

Il était tout à fait nuit, quand le baron rentra chez lui. Le lendemain, il courut au château d'Arloy faire part aux dames de sa découverte de la veille. Il ne leur parla que de Fidély, sans leur citer Gérald qu'elles ne connaissaient nullement : il le désigna seulement sous son nom connu de Père Eustache. Demandez-moi, ajouta-t-il, ce qu'il fait avec cet aveugle, et quel rapprochement il peut exister entre eux ! Au surplus, marquise, écrivez un mot à l'intendant ; il m'a promis de faire arrêter Fidély, et de vous le rendre. — Arrêter mon fils ; cela est bien fort ! — Eh mais, il y a mille manières de s'y prendre ; on peut y mettre de la douceur. Cela sera facile à présent, car je vais être instruit de toutes ses démarches. Quand

nous le saurons dans telle ville, dans telle auberge, nous surprendrons notre étourdi, et on vous le ramenera.
— Et il repartira, s'il en a envie; car je n'aurai pas toujours ici des gardes pour le retenir. Faites néanmoins suivre ses traces, et, quand nous saurons où il sera, nous irons l'y trouver, nous autres femmes, d'après un projet que nous avons formé, Inèsia, moi et jusqu'à la bonne Micheline, qui veut être de cette petite caravane. Cela sera plus prudent. Nous interrogerons le jeune homme, nous attaquerons sa raison, son cœur, et, s'il résiste, s'il persiste à se taire, nous verrons ce que nous aurons à faire; nous profiterons peut-être de l'offre de M. l'intendant, et nous emploierons la violence, si ce jeune insensé nous y force.

Le baron n'approuvait pas ce projet ; il le trouvait lent et pénible dans son exécution ; il aimait les moyens prompts et extrêmes, ceux qui jettent plus vite la discorde dans les familles. Il fut forcé néanmoins de consentir aux désirs de la marqnise, et lui promit de lui faire part des nouvelles qu'il devait recevoir de ses espions.

Cela recula le départ projeté par ces dames. Il était plus prudent d'attendre, et d'aller à une destination indiquée, plutôt que de courir les chemins au hasard, sans savoir où l'on irait.... mais les espions du baron, ou lui manquèrent de parole, ou ne purent découvrir les fugitifs ; car il s'écoula un mois sans qu'ils pussent donner des nouvelles certaines. Depuis un mois, on avait eu le temps de sortir de France. La marquise, Inèsia, en firent la réflexion, et se décidèrent à mettre à exécution leur premier projet. En conséquence, elles prirent, ainsi que Micheline, des habits d'homme, et après avoir confié le château à des serviteurs honnêtes et sûrs, elles montèrent, toutes les trois, dans une chaise de poste traînée par un seul cheval, et conduite par Micheline, qui était forte et adroite. Elles partirent ainsi, en jetant, comme disent les bonnes femmes, la plume au vent, dans le dessein et l'espoir de chercher, de retrouver leur cher fugitif dans un coin de l'Europe.

Elles mirent d'abord quelques jours à visiter leur contrée, celles qui les avoisinaient, village par village, et presque maison par maison, donnant par-tout le signalement du jeune homme, celui de l'aveugle, et demandant à tout le monde si on les avait vus passer. La réponse générale était par-tout qu'on n'avait vu personne qui ressemblât à ces deux individus.

Enfin, comme si la providence avait daigné abréger leur voyage en comblant leurs vœux, un heureux pressentiment les fit rester dans la province d'Armagnac plus long-temps qu'elles ne le voulaient. La marquise, désolée de n'avoir aucune nouvelle de son fils, se sentit indisposée, un matin, comme elle se trouvait avec ses deux compagnes, dans un site charmant, sur les bords du Gers. Elle descendit de voiture, pour s'asseoir un moment, et jouir de la vue magnifique que lui offraient les bois, les côteaux, et sur-tout la partie supérieure de la ville d'Auch, qu'on voyait s'élever au loin.

Inèsia s'était assise auprès d'elle, et toutes deux causaient sur l'éternel sujet

sujet de leur douleur. Une cloche sonne tout près de ces dames et semble, par son bruit argentin, inviter les fidèles à l'oraison du matin. Elles se retournent et voient, à deux pas d'elles, un hermitage antique et pittoresque, qu'elles n'avaient pas remarqué. Cette cabane, en bois recouvert d'un enduit rougeâtre, offre une de ces petites chapelles rurales, qu'on voyait autrefois dans les campagnes les plus désertes. Deux arbres touffus en ombragent la porte qui est surmontée d'un petit clocher, renfermant une cloche. Cette porte est ouverte, et il paraît que tout le monde est libre d'y entrer. Est-ce la messe, dit la marquise, qu'on va célébrer dans cet oratoire ? — Je le crois, répond Inésia.—Entrons-y, nous prierons le Tout-puissant de nous rendre notre cher Fidély. Cela me fera du bien d'ailleurs, la chaleur est si forte !... Pendant ce temps, Micheline gardera la voiture.

Inèsia donne le bras à la marquise, qui se lève, et toutes deux s'acheminent vers l'hermitage. Elles remarquent, avant d'y entrer, que ce n'est point une chapelle, mais une espèce d'oratoire qui paraît habité par des solitaires ; car on y voit deux lits formés chacun d'une simple paillasse, d'un drap et d'une couverture. L'un de ces lits est à droite dans l'intérieur, l'autre à gauche. Quatre chaises, un banc de bois, une méchante table, et quelques livres de piété rangés sur une planche, forment le pauvre ameublement des cénobites, et au fond est un grand prie-Dieu, orné d'un crucifix, devant lequel deux religieux, prosternés jusqu'à terre, semblent réciter quelque prière. Le bruit que font les dames, en entrant chez eux, ne les distrait pas; ils continuent de prier.

La marquise, apercevant, près de la porte, un bénitier rempli d'eau bénite, en prend avec deux doigts et fait le signe de la croix, en disant tout haut : Au nom du Père, du Fils et du Saint-Esprit !...

Quelle voix, s'écrie l'un des religieux !

Il se retourne, et la marquise jette un cri, en reconnaissant Fidély, malgré son déguisement. Vous, dit Fidély, vous, ma mère, ici, et ma chère Inèsia!...

CHAPITRE III.

Un grand personnage entre en scène.

Voyons maintenant comment Fidély, et son père apparemment, se retrouvent ici.

Lorsque Gérald eut fini à son fils l'histoire de la belle Sygemonde, et les réflexions qu'elle devait lui suggérer, ainsi qu'on l'a vu dans l'avant-dernier chapitre, ils poursuivirent tous deux leur chemin. Fidély avait reçu de Vernex, et avant de quitter sa maison, vingt louis, prix de son tableau que cet ami avait vendu, sans vouloir retenir, pour le moment, les avances qu'il avait faites. Nos voyageurs étaient riches ; ils passèrent la nuit dans une bonne auberge; et le lendemain soir, ils arrivèrent à Auch, fatigués d'avoir fait plus de trente lieues à pied en deux jours et demi. Ils se mirent là encore à l'auberge, et, le lendemain matin, Gérald frais, bien portant, dit à son fils : Tu ne m'attendras point de la matinée, mon ami, je vais me confesser à monseigneur l'archevêque lui-même et lui demander en même temps à déjeuner. — A déjeuner! vous, mon père! Monseigneur Ayrard de Clermont-Lodéve, le digne archevêque de cette province, vous ferait l'honneur de vous recevoir à sa table !... — Il est généreux, hospitalier; il est l'ami du pauvre comme du riche; j'espère qu'il voudra bien me faire cet honneur là, quand je lui aurai confessé mes péchés....Dieu sait combien ils sont grands !... mais pas plus grands que sa miséricorde. Le respectable Ayrard les entendra; il aura l'extrême bonté de faire entrer l'espoir et la consolation dans mon faible cœur ! — Je conçois cela, mon père ; mais partager avec vous un repas !...—Jésus lava les pieds de ses apôtres, et les admit à la cène. Je ne serai pas le premier misérable que monseigneur aura reçu à sa table. Ne crains rien, mon ami, pendant mon absence ; s'il t'arrive quelque chose, envoie-moi chercher au Palais Primatial, et je volerai à ton secours.

Gérald sort et laisse Fidély stupéfait de ce qu'il vient de lui dire. Il est possible cependant que M. l'archevêque soit assez bon pour recevoir des infortunés; mais Gérald s'est flatté de cet honneur avec un air d'assurance qui étonne Fidély. Tandis qu'il réfléchit là dessus, suivons Gérald.

Gérald arrive au Palais Archiépiscopal. Il demande la permission de parler à monseigneur. On lui dit qu'il n'est pas visible. Il descend à l'église, se jette dans un côté du confessional même du prélat, et voyant passer un chanoine dont la physionomie lui paraît respectable, il prend la liberté de l'appeler, de le prier de venir vers lui. Le chanoine cède à sa demande. Oserai-je, monsieur, lui dit-il, vous supplier de faire prévenir monseigneur l'archevêque qu'un grand pécheur, qui passe par cette ville, désire se confesser à lui !

Le chanoine répond : Monseigneur est en affaire, mon ami ; si vous voulez bien fermement vous approcher du tribunal de la pénitence, je vais recevoir votre confession. —

Pardon, monsieur ; j'ai fait le serment de ne confesser mes péchés qu'à monseigneur Ayrard de Clermont-Lodéve, et je ne viens, de bien loin, dans cette ville, que pour le supplier de m'entendre. — Lui ou un autre, mon ami ; vos péchés ne sont pas sans doute ?... — Je ne suis pas seulement une brebis égarée, monsieur; je suis le loup qui a dévasté la bergerie du Seigneur ?—Vous n'êtes pas un pécheur ordinaire apparemment? — Oh, non ! non, monsieur. Je suis bien loin d'être ce que je parais à vos yeux ! — Vous êtes donc bien coupable, malheureux ! — Plus qu'on ne peut le penser. — Vous me faites frémir !... — Si monseigneur ne daigne pas m'écouter à l'instant, je suis capable de céder à un acte de désespoir. — Que dites-vous ! Osez-vous proférer ces paroles dans le temple

du

du Dieu de miséricorde ! Oubliez-vous que ce Dieu vous entend, qu'il est prêt à vous punir si vous commettez un crime, à vous ouvrir son sein paternel, si vous vous y jetez repentant et pénétré de remords ! — Vous le voyez, mon salut, ou ma damnation éternelle dépendent de monseigneur. Il ne faut qu'un moment pour me perdre ! Daignez vous donner la peine d'aller le supplier ?...
—J'y cours. Quelque affaire qui l'occupe, celle du salut de ses semblables est toujours la plus importante pour lui.

Le bon chanoine sortit à l'instant de l'église, et revint bientôt accompagné de l'archevêque lui-même. Le vénérable Ayrard de Clermont-Lodéve était un vieillard de soixante-quinze ans, à cheveux blancs, et dont la figure avait un caractère de bonté qui charmait au premier coup-d'œil. Il marchait lentement, mais bien encore pour son âge. Gérald, qui avait un peu outré son désir de se confesser, le vit s'avancer vers lui avec la plus douce satisfaction. Où est cet infortuné, demanda Ayrard ?

Le chanoine lui répondit : Là, monseigneur, dans votre propre confessional.—Je vais l'entendre, et ensuite je vous retrouverai chez moi, n'est-ce pas ? Vous savez que nous déjeunons ensemble ? — Je me rendrai aux ordres trop honorables que me donne monseigneur.

L'archevêque entre dans son confessional, et Gérald soudain lui parle avec une onction qui frappe l'attention du chanoine. Celui-ci regarde de loin sans affectation ; un moment après, il s'entend appeler par monseigneur lui-même, qui ouvre sa porte et lui dit : M. Béraud ? M. Béraud ?

M. Béraud s'avance vers monseigneur, qui ajoute : Faites, je vous prie, donner un coussin à monsieur ? pour mettre sous ses genoux ? la position dans laquelle il est est trop fatigante pour lui.

Le chanoine, étonné, fait exécuter l'ordre de monseigneur. Le pénitent continue de se confesser, et M. Béraud se retire.

Au bout d'une heure, M. Béraud, qui attendait monseigneur au Palais Archiépiscopal, le voit rentrer dans ses appartemens, tenant par la main l'inconnu qui venait de se confesser à lui. M. Béraud, dit le bon Ayrard, je vous présente le Frère Fulgence, l'homme le plus infortuné et le plus estimable que je connaisse: vous êtes étonné de m'entendre nommer ainsi un laïque ? vous saurez bientôt pourquoi ; il déjeune avec nous ; je l'ai prié de cela ; il a bien voulu y consentir.

M. Béraud était un homme bon, pieux et humain ; mais il était un peu haut en même-temps et il n'avait pas beaucoup d'esprit. Il examina la mise de l'inconnu qui ne lui annonçait ni une grande aisance, ni un état recommandable, et il resta surpris de l'honneur que monseigneur lui faisait.

Le sage Ayrard (c'était le surnom qu'on donnait à ce saint prélat, qui le méritait bien) eut pour Gérald, pendant le déjeuner, les plus grandes attentions. Il le combla de soins, d'égards, de politesses, ce qui accrut la surprise de l'honnête Béraud. Mais à propos, mon frère, dit monseigneur à Gérald, je reconnais ce reliquaire que vous portez à votre cou ; n'a-t-il pas appartenu au chanoine Sably ? — Monseigneur ne se trompe pas. J'ai rencontré cet homme, qui est bien infortuné, puisqu'il est accablé du poids de votre colère. Il m'a donné ce reliquaire, en me suppliant de vous intéresser en sa faveur. Je l'ai trouvé mourant de faim et de lassitude. — Il méritait pis que cela, mon frère. C'est un méchant ! un hypocrite, qui a pensé brouiller tout mon chapitre par des médisances, que dis-je, par d'affreuses calomnies qu'il a répandues sur le compte de mes chanoines les plus respectables. Il ne vous a pas ménagé, vous Béraud, vous le savez. — Monseigneur, répond Béraud, je ne vous en ai pas moins demandé sa grace, que vous n'avez pas voulu m'accorder. — C'est un ingrat, un brouillon, un boute-feu ; si je l'avais écouté, tout mon chapitre me détestait, et donnait l'exemple de l'immoralité la plus révoltante. Selon lui, l'un avait une nièce supposée, l'autre une sœur qui ne lui appartenait en rien. Celui-ci allait faire des orgies dans la ville; celui-là, et c'était vous, Béraud, perdait toute sa fortune au jeu.... J'ai fait venir mon calomniateur ; je l'ai confondu en présence des hommes respectables qu'il accusait, et je l'ai condamné à errer, pendant un mois, de la manière où vous l'avez vu. — Monseigneur, dit Gérald, il est bien repentant de ses fautes; il en demande pardon à Dieu ; il est prêt à les abjurer à vos pieds.... Je lui ai promis de désarmer votre juste rigueur; oserai-je me flatter.... — Vous vous doutez bien, Frère Fulgence, que je ne puis rien avoir à vous refuser? Cette grace cependant.... — Daignez me l'accorder? — Vous seul pouviez l'obtenir de moi. Qu'il rentre donc, ce méchant; mais qu'il ne s'avise jamais de prononcer le moindre mot contre ses confrères; sinon, une prison perpétuelle sera désormais sa punition.

Le bon chanoine Béraud n'était pas jaloux; mais il se demandait avec raison quel était ce grand pécheur, ce Frère Fulgence, à qui monseigneur n'avait rien à refuser.

Après le déjeuner, monseigneur lui dit : Béraud, vous connaissez cette petite masure abandonnée, à une demi-lieue d'ici sur les bords du Gers? vous vous rappelez cet antique hermitage, où mourut, il y a quelques années, dans la cendre et sous la haire, le plus saint des religieux de l'ordre de Citeaux ? — Ah, oui, monseigneur, l'hermitage Saint-Fulgence ? — Eh bien, je le cède au saint homme que voilà. Dès demain, j'irai moi-même l'y installer, avec la crosse, la mître, et tout mon clergé ; comme vous êtes maître des cérémonies du chapitre, je vous charge de celle-là ; je veux qu'elle soit brillante et que tous les fidèles accompagnent mon cortége. Par la suite tous les pécheurs qui iront supplier ce respectable hermite, de prier pour eux le Sauveur, auront indulgence plénière. La piété de Louis, de sa digne épouse, madame de Maintenon, et les priviléges de mes titres me permettent de rappeler dans mon diocèse cet usage antique, dont l'Espagne et l'Italie nous offrent encore aujourd'hui quelques exemples. Frère Fulgence m'a fait sa confession ; ce grand pécheur me demandait la plus rude pénitence pous expier ses fautes, j'oserais peut-être dire ses cri.... mais mon devoir m'ordonne de me taire et de céder à ses vœux. Il sera donc hermite, couché sur la dure, nourri des alimens les plus grossiers; mais en même temps il sera sous la sauve-garde des lois de l'église; nulle puissance civile n'aura le droit de l'arracher de son modeste asile, à moins que je ne le relève de son serment, qu'il m'a prêté dans toute la rigueur qu'exigeait un pareil parti. Le jeune homme qui l'accompagne, et dont le généreux dévouement a fait couler des larmes de mes yeux, partagera son état, son existence, et jouira des mêmes prérogatives que lui. Demain je leur remettrai à chacun une sauve-garde, écrite entièrement de ma main et scellée de mon sceau. Faites, Béraud, que la procession soit prête à sortir d'ici à neuf heures précises ?

L'abbé Béraud ouvrait de grands yeux et ne comprenait rien à tant d'honneurs qu'on faisait à cet étranger. Celui-ci osa prendre la main du sage Ayrard, et la presser sur ses lèvres en versant les larmes de la reconnaissance. O monseigneur, s'écriait-il, monseigneur ! que de bontés ! — Si vous êtes reconnaissant de ce que je fais pour vous, mon frère, louez-en Dieu seul ? Consacrez-vous à lui ; édifiez vos semblables par votre piété, et devenez le plus ferme soutien de notre sainte religion.... Tel est le but qui me fait agir ; je ne doute pas qu'il ne soit rempli ; car vous avez tout ce qu'il faut pour augmenter le nombre des saints que Dieu, après leur mort, daigne admettre à jouir de la béatitude éternelle.

Gérald s'agenouilla avec respect, et l'archevêque lui donna sa bénédiction.

CHAPITRE IV.

Suivons la procession.

CEPENDANT Fidély attendait le retour de son père, et voyant l'heure s'avancer sans qu'il revînt, il commençait à croire qu'en effet monsieur l'archevêque avait daigné le recevoir à sa table. Il réfléchissait et se perdait dans ses conjectures, lorsqu'il entendit un carrosse s'arrêter à la porte de l'hôtel. Il regarde par une croisée et voit descendre, d'une voiture des plus brillantes, son père qui rentrait enfin. Gérald est accompagné d'un vénérable prélat, que Fidély se doute être monsieur l'archevêque lui-même. Le sage prélat descend aussi de sa voiture, et tous deux montent dans l'appartement même où est Fidély. Celui-ci bien étonné ne sait que dire à monseigneur, ignorant pourquoi il avait fait à Gérald tant d'honneur que de le reconduire. Il reste donc muet et cherche, dans les yeux de son père, la règle de sa conduite.

Le sage Ayrard prend le premier la parole : Voilà donc, dit-il à Gérald, ce vertueux jeune homme, dont vous m'avez parlé ? — Oui, monseigneur, répond Gérald, voilà M. Fidély, fils chéri de madame la marquise d'Arloy. — Il a une bien bonne mère ; elle l'est aussi, dit-on, de tous les infortunés. — C'est, monseigneur, la plus respectable des femmes. Ce jeune homme s'est attaché à ma mauvaise fortune ; il m'a fait le serment de ne jamais m'abandonner. — Il le tiendra. Soulager, consoler l'infortune, est un devoir sacré pour tout bon chrétien. Approchez, jeune homme ; venez dans mes bras ; que je vous serre contre mon cœur ! Oh, que j'avais besoin de vous voir ! l'aspect d'une ame vertueuse est un souverain bien pour un ministre du grand Rémunérateur des vertus !

Fidély, de plus en plus surpris, se rend aux vœux du prélat, et regardant Gérald, il lui dit : Monsieur, est-ce que monseigneur sait ?....

Gérald met promptement deux doigts sur sa bouche, en lui faisant signe de se taire. Gérald répond ensuite tout haut : Monseigneur a eu la bonté de me permettre de me confesser à lui ; il n'ignore aucune circonstance de ce qui me concerne, de ce qui me concerne, vous entendez, monsieur le marquis ?

L'archevêque sourit, en regardant

Fidély, eh puis il dit bas à Gérald : Votre fils est charmant !

Gérald lui répond, bas aussi : Monseigneur, vous avez daigné me promettre que vous lui laisseriez ignorer ?.... — Que je le connais comme étant votre fils ? Oh, je tiendrai ma parole. Les raisons que vous m'avez données sont si fortes !

L'archevêque continue à haute voix : Monsieur le marquis a fait abnégation des vanités du monde ; c'est un grand dévouement. Il est beau de voir un jeune homme de son âge, riche, titré, renoncer à tous les avantages de la naissance et de la fortune, pour s'attacher au sort de l'indigent, pour lui servir d'ami, de consolateur, et pour ainsi dire de fils; Dieu vous en récompensera, jeune homme ; j'ai le doux espoir que Dieu vous en récompensera. Demain, vous allez vous consacrer à lui.... Un jour peut venir où il vous accablera de ses bienfaits, et vous les aurez mérités!

L'archevêque, à ces mots, prit congé des deux voyageurs, qui le reconduisirent jusqu'à son carrosse.

Quand il fut parti, et avant de remonter chez eux, Fidély dit à Gérald: Oserais-je vous demander, mon père, ce que monseigneur a entendu, quand il m'a dit que, demain, je me consacrerais à Dieu? — Demain, mon Fidély, tu comprendras le sens de ces paroles. Nous devons aujourd'hui faire finir la peine d'un infortuné à qui nous avons promis notre assistance, et qui nous attend au couvent des capucins, ici près de Birnau; allons-y de ce pas, mon ami.

Gérald prit Fidély par la main, et tous deux s'acheminèrent vers ce couvent, où, en entrant dans l'église,
ils

ils aperçurent en effet le chanoine Sably, qui, courbé sur une chaise, et prosterné devant la chapelle de la Vierge, priait en les attendant. M. l'abbé, lui dit Gérald, me reconnaissez-vous ? — Ah, monsieur, quoi, vous voilà ! Vous tenez votre parole ? Il n'y a pas deux heures que je suis arrivé, et, sans trop être certain que j'aurais le bonheur de vous revoir, je priais la Vierge Marie pour qu'elle daignât demander à son auguste Fils le pardon de mes péchés. — M. le chanoine ! osez-vous bien espérer le pardon de vos péchés ? Votre conscience ne vous en reproche-t-elle pas qui sont de nature ?... — Qui sont affreux, je le sais, j'en fais l'aveu ; il n'y a pas de plus grand pécheur que moi sur la terre ! — Ce ton d'humilité est un peu exagéré ; mais j'avais promis de vous servir, je l'ai fait. A ma considération, M. l'archevêque veut bien vous pardonner. Vous pouvez, dès ce moment, retourner chez vous, y vivre comme par le passé. Voyez cependant d'abord monseigneur, remerciez-le de ses bontés, promettez-lui de respecter dorénavant la réputation, la tranquillité de vos semblables, et n'oubliez pas de lui dire que vous osez vous présenter devant lui sous les auspices du Frère Fulgence? Vous verrez alors comment il vous accueillera.

Le chanoine Sably s'écrie : Sous les auspices du Frère Fulgence! ce n'est pas vous, sans doute? Il faut, monsieur, que vous soyez un très-grand seigneur pour avoir obtenu de M. l'archevêque!... — Quelle idée! Monseigneur n'a-t-il des égards que pour la noblesse et les titres, ces dons fastueux du hasard! Monseigneur estime autant le simple roturier, s'il a l'ame grande et le cœur pur. Je me flatte d'être dans cette dernière classe, et mon indigence, mon obscurité n'ont point empêché monseigneur de m'honorer de son estime. Allez, vous dis-je, chanoine Sably, reprenez vos fonctions, votre poste, et que le Frère Fulgence commence son nouvel état par un service rendu à l'humanité !

Gérald et son fils quittent le chanoine, qui se confond en remerciemens, en protestations d'amitié, de reconnaissance, etc.

Fidély ne sait plus où il en est ! Le digne Ayrard de Clermont-Lodéve a pardonné à ce chanoine sur la recommandation de Gérald ! Il a accueilli Gérald toute la matinée, et a daigné le reconduire, l'accompagner même dans sa propre voiture !

Et ce nom de Frère Fulgence qui vient encore accroître la surprise du jeune homme ! Son père va-t-il donc s'appeler Frère Fulgence ? A-t-il toujours porté ce nom ? Lui - même, Fidély, doit, le lendemain, se dévouer au culte du Seigneur ? et il lui est défendu de faire la moindre question sur ces choses extraordinaires, qu'il voit, qu'il entend !

Il passe le reste de la journée et la nuit entière plongé dans ses réflexions. Dire que le nom, le souvenir chéri d'Inèsia se mêlent à tout cela, c'est annoncer au lecteur ce dont il se doute déjà. Depuis que Fidély l'a quittée, Inèsia n'est point sortie de sa mémoire, ni de son cœur. Dès les premiers jours de son dévouement à son père, sa vertu le soutenait ; il croyait faire un grand sacrifice, et il réunissait toutes les forces de son ame pour le consommer.... Mais aujourd'hui que Fidély sait tout ce qui concerne Inèsia, la raison vient en outre lui prêter son appui. Inèsia doit le jour à la fille du plus mortel ennemi de son père ; Inèsia est également la petite-fille d'une comtesse dont elle doit être l'unique héritière. Fidély n'a plus de droits à la substitution faite en sa faveur par Sygemonde de Figuière ; les lois pourraient en décider autrement ; mais la délicatesse de Fidély est au dessus de la protection que les lois lui accorderaient. Il sait qu'il n'appartient, par aucun lien, à la famille d'Arloy ; qu'ainsi donc il ne doit pas hériter des grands biens d'une comtesse qui, si elle eût su que sa fille existât, les lui aurait peut-être laissés. C'est ainsi du moins que doit penser l'homme honnête et délicat. Tout persuade donc à Fidély qu'il doit renoncer pour jamais à la main d'Inèsia.... Mais renoncer à l'aimer ! c'est un sacrifice, celui-là, au dessus de ses forces !

Comme il s'était endormi vers le matin, son père le réveilla à sept heures, et quand il le vit prêt, Gérald lui dit : Emportons encore une fois, mon fils, nos paquets, nos petits effets. Nous sortons à l'instant pour ne plus rentrer ici.

Fidély, qui commence à s'habituer à obéir à son père sans lui répliquer, suit l'ordre qu'il lui donne. Tous deux cheminent dans la campagne, et s'arrêtent, sur un signe de Gérald qui est resté silencieux, à la porte d'un ancien hermitage, isolé au bord d'une vaste plaine, sur les rives du Gers. Gérald y entre ; Fidély le suit, et remarque qu'on a placé dans l'intérieur de cette espèce de chapelle deux méchans lits de paille, quelques chaises, une table, plusieurs ustensiles de cuisine en terre, et sur-tout un large prie-Dieu surmonté d'un très-grand Christ. Cet hermitage est surmonté d'un clocher, renfermant une cloche, qu'on peut sonner au moyen d'une corde qui descend dans la masure près de la porte d'entrée.

Là, Gérald défaisant un paquet, qu'on avait eu la précaution de déposer, avant son arrivée et par son ordre apparemment, sur la méchante table de bois, en tire deux vêtemens d'hermites, bruns tous deux, absolument pareils et ornés chacun d'un grand coqueluchon. Le cordon, le rosaire, tout s'y trouve. Gérald s'habille d'un de ces vêtemens, et ordonne à Fidély de se couvrir de l'autre. Quand ils sont prêts tous deux, Gérald ajoute à son habit de solitaire le reliquaire que lui a donné le chanoine Sably, et parle ainsi à son fils, ému, troublé sans doute, mais dont la docilité est un modèle de soumission filiale : Tu vois, mon fils, que nous changeons d'état aujourd'hui? Nous voilà tous deux hermites, moi sous le nom de Frère Fulgence, toi sous celui de Frère Angély. Il est inutile que nous cachions notre figure, que nous déguisions nos traits. Que nos ennemis nous retrouvent ici, qu'ils nous reconnaissent ou non, ils n'ont plus le pouvoir de nous nuire dans cet asile de la pénitence ; nous y sommes sous la protection de Dieu, Dieu saura nous défendre contre leurs attaques. — Eh quoi, mon père, allons-nous passer notre vie dans cet état de retraite

traite et d'éloignement du monde ? — Peut-être, mon ami ! Auras-tu le courage de m'y tenir fidèle compagnie, jusqu'à ma mort?—Mon père!... je vous l'ai promis.

Fidély disait cela comme un homme dont la vocation n'était pas bien ferme ; il soupira si fort que Gérald, attendri, lui prit la main, en ajoutant avec sensibilité : Je sens, Fidély, qu'un jeune homme élévé comme toi dans la grandeur, dans le tourbillon des plaisirs, regarde avec terreur un avenir, qui ne lui promet qu'ennui, que privations de toute espèce. Mais, mon cher fils, quoique je n'aie que quarante-un ans, les malheurs de tout genre ont tellement abattu mes forces, que je ne puis plus vivre long-temps. Il faut, de toutes manières, que je meure avant toi; qui sait si j'ai encore deux lustres à exister !

tu reprendras alors ta liberté ; tu rentreras dans le monde que tu regrettes; mais tu y rentreras avec la douce consolation d'avoir rempli ton devoir, jusqu'à la fin, envers un père infortuné, et de lui avoir fermé les yeux.— Mon père! ne me parlez pas de votre mort, ô ciel! Puisse l'Etre Suprême me protéger au point de me faire passer encore un siècle auprès de vous, dans cette retraite, dans toute autre, s'il le faut, plus triste encore.

A ces mots, débités avec autant de feu que de tendretse, Gérald ne put comprimer un mouvement de joie presque convulsive : il s'écria en levant les mains au ciel! O mon Dieu, si tu m'accuses de cruauté envers cet excellent fils, daigne donc hâter la récompense qui l'attend!

Cette exclamation si forte, si énigmatique en même temps, frappa Fidély au point qu'oubliant son serment, il allait en demander l'explication à son père.... Mais des chants mélodieux retentissent au loin dans la campagne. Les saints cantiques des chrétiens se font entendre, et montent jusqu'au trône du divin Créateur ; l'odeur de l'encens, qui brûle en l'honneur de Dieu, emplit, parfume l'hermitage, et Fidély, qui regarde soudain par la porte, voit s'avancer un concours immense de fidèles que précède une magnifique procession, où l'on voit brûler des milliers de cierges, dont l'éclat fait briller l'or de la crosse et de la mitre archiépiscopales. Le respectable Ayrard est lui-même à la tête de ce superbe cortége ; et Fidély, le reconnaissant soudain, demande à son père : Où va donc, je vous prie, cette procession guidée par monseigneur l'archevêque d'Auch ? — Elle vient ici, mon ami. — Ici; comment ?... — Tu vas le voir, agenouillons-nous tous deux à côté de la porte de cet hermitage qui va être béni par monseigneur.

Le père et le fils se jettent à genoux. L'archevêque et son cortége s'arrêtent devant eux ; l'archevêque leur donne sa sainte bénédiction; puis, entrant dans l'hermitage, il fait remplir d'eau bénite le petit bénitier qu'on y a scellé. Il dit ensuite aux deux profés : Vous, Frère Fulgence, et vous, Frère Angély, vous sentez-vous la vocation nécessaire pour vous dévouer entièrement aux saintes pratiques de notre auguste et divine religion ?

Gérald répond *oui !* Il faut bien que son fils, malgré sa surprise, en fasse autant. L'évêque continue :

Frère Fulgence, faites-vous fermement vœu de chasteté ?

Gérald répond encore oui ! L'évêque s'adresse au jeune homme : Et vous, Frère Angély, prononcez-vous le même vœu ?

Ceci devient bien embarrassant pour Fidély ; qu'on se mette à sa place ! Il est jeune, il est amoureux ; à son âge, renoncer à l'amour, à l'hymen !.... Il rougit, baisse les yeux et se tait.... L'archevêque reprend plus haut, et d'un ton sévère : Répondez, Frère Angély ; Dieu, qui vous voit et vous entend, peut-il recevoir, par mon ministère, le vœu que vous lui faites de célibat et de chasteté ?

Le jeune homme, dans le plus grand trouble, dit tout bas à Gérald : Inèsia, mon père ! ma chère Inèsia ! ce moment va donc m'ôter pour jamais l'espoir !...

Gérald lui répond à demi-voix, mais de manière à être entendu d'Ayrard : Monsieur le marquis d'Arloy, rien n'est su encore au château de votre mère ; retournez-y ; épousez Inèsia, et laissez-moi seul dans ce lieu où Dieu sera désormais mon unique consolateur.

Fidély, au désespoir, lui réplique en sanglotant ! O mon pè.... ô monsieur ! faites de moi tout ce que vous voudrez ! Monseigneur, daignez recevoir le vœu qu'on exige !... je le tiendrai !

Le sage Ayrard est ému de tant de soumission ; il s'écrie, les larmes aux yeux : Etres, dignes du sort le plus heureux ! Dieu reçoit votre serment. Je vous bénis, et vous transmets une partie du droit de lier et de délier sur la terre, droit que nous tenons de notre divin Rédempteur. Puisse le Créateur, satisfait un jour de votre dure pénitence, retirer de dessus vos têtes la main du malheur qui vous accable à présent, et vous faire jouir de la félicité la plus ineffable. Je vous bénis, au nom du Père, du Fils et du Saint-Esprit.

Gérald répondit seul *Ainsi soit-il!* Fidély n'avait plus la force de former aucun souhait.

L'archevêque remit, aux deux profés, deux écrits signés et scellés de sa main ; puis le clergé entonna les cantiques qui étaient en usage pour consacrer l'hermitage, et la mission évangélique des nouveaux hermites.

La cérémonie fut imposante; elle avait attiré un si grand nombre de curieux, que, lorsque la procession se fut retirée, une foule immense assiégea les deux hermites, en leur demandant leur bénédiction. Fidély, fort embarrassé, ne savait comment s'y prendre; mais Gérald s'en acquitta bien pour lui-même et pour son fils; il bénit l'assemblée avec une gravité qui, dans tout autre moment, aurait fait rire son jeune compagnon.

La foule se dispersa, et Gérald, ayant remarqué qu'on avait déposé chez lui, par ordre de l'archevêque, des provisions de bouche, au moins pour deux jours, engagea, d'un air très-calme, son fils à prendre avec lui quelque nourriture. Fidély refusa; Gérald, s'accusant intérieurement de l'affliger trop, lui prit la main, le fit asseoir près de lui à table, et lui dit : Tout ce que tu vois, mon fils, te porte peut-être à croire que ton père est devenu fou, que la dévotion lui a tourné la tête? Tu te tromperais. Tout ce que tu vois, au contraire, n'est qu'une ruse politique de ma part. J'ai des ennemis puissans, qui peuvent attenter à ma liberté, à ma vie même, car ils sont capables des plus lâches trahisons. Toi! ta mère prétendue, que l'honneur nous défend de désabuser, peut, par indignation, ou poussée par l'odieux Salavas, qui ne cherche qu'à nuire, invoquer l'appui des lois, te faire enlever, enfermer. Quels recours avions-nous contre tant de gens acharnés à notre perte? la fuite? de nouveaux déguisemens? cela n'était pas sûr. J'ai pensé que l'appui du respectable Ayrard nous serait plus utile. Je lui ai fait une entière confession de mes fautes; je l'ai supplié de me donner, pour en faire pénitence, cette retraite et le plan de conduite qu'elle exige. Il a approuvé mes raisons, et, agissant de son côté aussi plus par politique que par excès de dévotion (car monseigneur ne pousse pas à la rigueur les pratiques de la religion), il a senti que mon nouvel état était le seul qui pût me mettre à l'abri de toute persécution. C'est pour cela qu'il a voulu y mettre un grand appareil. La croix, la bannière, la crosse, la mitre, tout a été mis en usage, et il nous a donné à chacun un titre qui, en nous débarrassant de toute puissance civile, nous met sous la seule égide des lois canoniques, dont il est un des premiers organes dans ce royaume. Nous sommes maintenant sous sa protection immédiate, et le roi lui-même n'aurait pas le droit de nous arracher d'ici, sans sa permission. Sens-tu maintenant que le nouveau rôle que nous allons jouer est une pure grimace. Non que toi et moi nous ne remplissions pas les devoirs qu'il impose ! ils sont saints et respectables ; mais ce n'est pas une vocation stupide qui m'a engagé à m'y soumettre. Nous tiendrons néanmoins tous nos sermens ; Dieu les a reçus par l'organe d'un de ses plus dignes ministres. — Dans ces sermens, mon père, il en est un qui me fait renoncer à Inèsia. — Mon fils !.. la nature, la raison, la religion elle-même, t'en imposent désormais la loi. Tu dois t'y soumettre... Tu pleures, mon Fidély ; tu verses des larmes dans mon sein paternel ; ah ! laisse-les couler ! je ne les blâme pas ; je n'accuse que la fatalité !... je vais travailler à mettre fin, s'il est possible, à mes longs malheurs. Je ne perdrai pas un moment ; j'y mettrai tout mon zèle, tout mon temps, et cela sans paraître agir à tes yeux. Ce digne archevêque m'a promis de me protéger de toutes les manières. Il doit écrire, faire tous ses efforts pour calmer le courroux de ceux que j'ai offensés. Il m'a voué, en un mot, l'attachement le plus tendre, et le zèle le plus obligeant. Console-toi, mon Fidély ; ils finiront, ces malheurs qui rejaillissent sur toi ! il faudra bien qu'ils finissent.…. d'une manière ou d'une autre.... Ah ! si j'étais seul, mes maux seraient déjà terminés ! j'offrirais à mes persécuteurs leur victime soumise.... Mais je suis père ! je me dois à mon fils !... ce fils peut, un jour... O mon Dieu ! mes lèvres indiscrettes allaient laisser échapper mon secret !.. Ne pleure pas, Fidély; ton état douloureux pourrait me l'arracher, et si tu ne me retirais pas sur-le-champ ta tendresse, ton respect, ton estime, j'aurais les plus grands dangers à redouter de la fougue de ton âge, de ton impétuosité et de ton inexpérience ! Oh ! plains-moi ; je me crains, je te crains ; j'ai tout à redouter.

Fidély embrassa son père, se résigna, et consentit à partager avec lui un repas aussi simple que frugal.

Depuis ce moment les deux hermites habitèrent leur cabane, où ils reçurent une foule de fidèles qui vinrent leur demander des conseils ou réclamer d'eux des prières.

Le matin, dès leur lever, Fidély sonnait la cloche, ce qui voulait dire qu'on pouvait se présenter à l'hermitage. Un autre son de cloche avertissait plus tard que les cénobites étaient en prière ou retirés chez eux, et qu'ils voulaient ne recevoir personne.

Ils furent pendant plusieurs jours accablés de visites ; mais peu à peu on leur laissa un peu plus de loisir, de tranquillité, et ce fut un matin, au moment où ils étaient seuls, qu'ils furent frappés de l'arrivée inattendue de la marquise et d'Inésia. Ils ne virent pas d'abord Micheline, qui était occupée auprès de la voiture de ses maîtresses.

CHAPITRE V.

Entrevues qui ne mènent à rien.

Gérald et son fils étaient en prière devant leur prie-Dieu, lorsque la voix de la marquise, qui allait commencer la sienne, frappa l'oreille de Fidély. Fidély se retourne, reconnaît sa mère, son amante, et jette un cri de surprise.

Gérald se retourne aussi, et, sans paroître étonné, il se met en devoir de donner sa bénédiction aux deux dames qu'il ne reconnaît pas, attendu qu'elles ont des habits d'homme. La marquise ne voyait que son fils ; elle le serrait dans ses bras, pleurait et semblait prête à perdre connaissance. Fidély s'en aperçut : Ciel ! dit-il, elle se trouve mal.

Il la porte sur une chaise, lui prodigue les plus tendres soins, et pendant ce temps, Inèsia, que l'excès de sa surprise empêche de prononcer un mot, le regarde avec des yeux où se peignent la tendresse, l'inquiétude et la douleur.

Gérald, sachant enfin ce que sont ces voyageuses, s'empresse d'aider Fidély dans les soins qu'il donne à la marquise. Elle n'est point évanouie ; mais elle ne peut pas non plus parler, tant elle est oppressée. A la fin elle recouvre l'usage de la voix et dit, quoique faiblement : T'aimai-je assez, mon fils ! Au lieu de t'accabler des reproches que tu mérites, le plaisir de te retrouver m'a fait oublier ma colère ; j'en ai pensé mourir de joie !.. Inèsia ! le voilà ! le voilà donc : aime-t-il comme nous, mon enfant ; nous chérit-il autant que nous l'adorons ?

rons? — Ma mère ! mon Inèsia !...

Inèsia répond : Ingrat ! nous te cherchons ; nous aurions été au bout de l'univers, quand tu as oublié ta mère et ta plus tendre amie !

La marquise réplique : Que fais-tu ici ? quel est cet homme, qui m'est totalement inconnu ? pourquoi avez-vous tous les deux des habits de religieux ? que signifie enfin cette momerie à laquelle je ne puis rien comprendre ?

Fidély se tait : Gérald répond pour lui : Veuillez, madame, parler avec plus d'égards de deux cénobites qui se sont voués à Dieu, et que M. l'archevêque d'Auch a daigné prendre sous sa protection. Ce jeune homme est venu se confesser à moi ; il m'a supplié de recevoir ses vœux ; je les ai reçus ; il les a faits également à M. l'archevêque ; il n'est plus en votre pouvoir. — Il n'est plus en mon pouvoir !... Mais éclaircissons par degrés ce récit obscur. Mon fils, vous avez donc quitté cet aveugle de la fontaine Sainte-Catherine, avec lequel, pour je ne sais quel motif, on vous a vu plusieurs fois ?

Ici, Micheline, qui a entendu parler haut dans l'hermitage, y entre, reconnaît Fidély, se jette dans ses bras et pleure de joie.

Gérald tremble que Micheline ne le reconnaisse au son de sa voix. S'il est dévoilé comme n'étant plus aveugle, le baron de Salavas, qui fréquente ces dames, le saura, et de là peuvent naître de nouvelles persécutions. Gérald éleve la voix en conséquence, de manière à fixer l'attention de Micheline, qui ne l'a pas encore remarqué. Madame la marquise, dit-il, c'est moi qui aurai l'honneur de répondre à votre question relativement à ce mendiant.

Micheline, étonnée du son de sa voix, le regarde et s'écrie : Qu'entends-je ! on dirait que...

Gérald se hâte de l'interrompre : L'aveugle de la fontaine Sainte-Catherine, dit-il fermement, n'existe plus ; non, mesdames, il n'est plus ; aveugle !... malheureux !... sans pain, sans ressource, pouvait-il vivre long-temps de cette manière !

Gérald remarque que Micheline l'examine toujours et comme si elle doutait. Il ajoute avec adresse : Cet homme avait des ennemis puissans qui voulaient le perdre ; ceux à qui il n'a jamais fait de mal (*il appuie sur les mots suivans en regardant à son tour fixement Micheline*), CEUX QUI S'INTÉRESSAIENT A LUI doivent être bien satisfaits qu'on

NE PUISSE PLUS LUI NUIRE.... J'étais un de ceux qui prenaient à cet infortuné le plus d'intérêt. M. le marquis l'a retrouvé en moi. Liés par les mêmes vœux, nous ne nous quitterons jamais.

Micheline reste persuadée que cet hermite n'est autre que le prétendu aveugle ; mais il lui parle d'ennemis puissans prêts à le perdre ; elle le voit avec Fidély dont elle sait qu'il est le père ; elle dissimule et ne veut point le dévoiler; elle l'examine même avec intérêt, enchantée de ce que le père de son cher Fidély, au lieu d'être aveugle, vieux et mendiant, est au contraire un homme jeune encore et doué d'une très-belle figure. Elle comprend enfin qu'il y a dans tout cela un nouveau mystère qu'elle ne doit ni pénétrer, ni divulguer.

Quant à la marquise et à son Inèsia, elles n'ont jamais entendu que la voix plaintive de l'aveugle, qui la contrefaisait même quand il disait aux passans sa phrase banale : *Messieurs et dames charitables*, etc. Comme le disait fort bien Le Roc, un homme alors prend un ton piteux, suppliant, qui n'offre plus le même son de voix que lorsqu'il soutient une conversation animée. Nos deux dames ainsi ne reconnurent pas le faux aveugle, et furent persuadées que celui-ci était mort, ainsi qu'on le leur faisait entendre.

La marquise ne répondit qu'aux derniers mots de Gérald : Comment, dit-elle, vous ne vous quitterez jamais ! Qui suis-je donc, moi ? Suis-je une étrangère pour ce jeune homme ? Avez-vous le droit de le retenir ici malgré sa mère ? — Ce n'est pas moi qui l'y retiens, madame ; c'est Dieu, qui a reçu son serment. — Ah ça, comprend-on quelque chose à tout cela ! quel serment ? que voulez-vous dire ? pourquoi a-t-il fait un serment ? répondra-t-il lui-même... Fidély, répondez-moi, je vous l'ordonne ? — Que puis-je vous dire, mad... ma mère, que je ne vous aie déjà répété ! daignez vous renfermer dans ces trois aveux : il m'est arrivé un événement extraordinaire, un malheur accablant ; ce coup du sort m'a forcé de renoncer à la nature, à l'amour, et j'ai voué à jamais mon existence à Dieu dans cet hermitage ; voilà tout ce que je puis vous dire. Vous m'interrogeriez mille fois que je vous répondrais mille fois la même chose. — Mais encore, quel est cet événement inattendu, ce malheur accablant, ce coup du sort, qui vous a obligé à prendre un pareil parti ? — J'ai fait vœu de ne le confier à personne — Pas même à votre mère ? — A... personne ! — Avec vos vœux ridicules, vous me tuez, mon fils, vous m'assassinez, vous m'arrachez la vie, que je n'aimais que pour vous !...Ma situation est-elle assez singulière ! y a-t-il deux mères comme moi dans le monde ! oui, pareille chose s'est elle jamais vue ! voilà mon fils, que j'ai nourri de mon lait, qui ne m'a pas quittée un seul instant depuis sa naissance, à qui je n'ai vu ni intrigues, ni embarras, ni des amis, ni même des connaissances inséparables, un fils enfin en qui je n'ai jamais remarqué un seul défaut !.... Il devient amoureux d'une jeune personne charmante ; toutes les convenances se trouvent dans cet hymen ; j'approuve son choix, qui me donne un enfant de plus ; je le marie !... Le matin même de son hymen, avant sa célébration, il s'enfuit, court comme un fou, se lie avec un mendiant, le quitte, se fait hermite, et le voilà qui renonce à sa mère, à son amante, sans pouvoir leur donner d'autre motif qu'un malheur! un coup du ciel!... Je l'interroge; il s'obstine à garder le silence! je le répète, ma situation n'est-elle pas des plus neuves, des plus embarrassantes et des plus infortunées!

Madame, répond Gérald, il arrive tant de choses singulières dans le monde, et au moment où l'on s'y attend le moins!

La marquise répond avec humeur : Eh quelle chose singulière peut être arrivée à ce jeune homme-ci! peut-on le présumer, s'en douter en la moindre manière! son père n'était-il pas l'homme le plus honnête, le plus pur,

le

le plus délicat ? qui n'a laissé aucune mauvaise affaire, aucun de ces secrets de famille qui font l'aliment des romans du jour ! ne sais-je pas qu'il ne peut lui être survenu aucun malheur, du côté de notre famille, à ce jeune insensé! C'est donc un délire, une folie qui lui a dérangé le cerveau !... à moins que ce ne soit quelque frasque de jeunesse, quelque autre passion secrette, quelque faute grave ?... mais puis-je le croire ? ne connais-je pas Fidély, ses mœurs, ses liaisons ?... Non, non ; j'ai déjà rejeté vingt fois cette pensée ; il ne peut être coupable... Au surplus, tranchons de vains discours ; je le retrouve, le voilà ; je le ramène. Nulle puissance n'a le droit de me priver de mon fils. — Il en est une, ma mère, répond Fidély, qui est au dessus de celle des hommes. — Quittez, monsieur, ce langage mystique. C'est dans le cœur d'un père, d'une mère, que Dieu a remis cette puissance dont vous parlez; il nous a transmis ses droits sur nos enfans; les lois divines et humaines s'accordent pour nous donner ces droits imprescriptibles. Suivez-moi, Fidély ?

Inèsia dit à son tour, en lui tendant les bras : Reviens, oh, reviens avec nous, mon Fidély ?

Fidély, accablé par la tendresse, la reconnoissance et l'amour, se jette dans les bras de Gérald, en fondant en larmes, en s'écriant : Mon père! mon cœur est-il assez déchiré !

L'habit d'hermite, que porte Gérald, justifie heureusement ce titre de père que lui donne inconsidérément Fidély. Il lui répond sur le même ton : Mon fils ! j'apprécie, je ressens vos souffrances de pareils sacrifices vous mériteront la protection du ciel !

Inèsia, réplique Fidély, ma chère Inèsia, ne te joins point à une mère chérie pour m'accabler! c'est trop d'elle ; c'est trop de toi ; toutes deux! c'est pour me faire mourir. Je t'adore, Inèsia, et je ne puis t'appartenir. Que dis-je? je ne m'appartiens plus à moi-même. J'ai juré à Dieu, à l'un de ses plus dignes ministres... je ne puis plus quitter ces lieux sans la permission du respectable archevêque, qui m'a donné cette sauve-garde. Inèsia, tiens, lis.

Inèsia lit à haute voix le papier scellé qui confirme l'état de Fidély, et le met à l'abri de toute poursuite civile... elle s'écrie ensuite : Ma mère, il est perdu pour nous!

Fidély reprend son papier, et la marquise répond : Perdu? perdu, Inèsia! et comment? Un prélat a-t-il le droit de ravir un fils à sa mère!

Je vais lui parler ; je dois.. ... Cet archevêque est pourtant un homme généralement aimé, respecté. Il a pu !.... On l'a trompé; oui, cet hermite cafard, hypocrite, qui a fixé mon fils ici, près de lui, aura trompé la religion de monseigneur.

Gérald, loin de s'offenser de ces épithètes injurieuses qu'il pardonne à l'emportement d'une mère justement affectée, se contente de lui répondre du plus grand sang-froid : Si madame respecte monseigneur Ayrard de Clermont-Lodéve, ainsi que tout le monde le fait ici, madame peut le voir, lui demander des renseignemens sur mon compte ; elle verra que, loin d'être un hypocrite, un cafard, le sentiment le plus pur a toujours réglé mes démarches; oui, le sentiment le plus respectable, j'ose le dire !.... madame alors sera convaincue que je n'ai point forcé la vocation de monsieur le marquis, son fils.

La marquise, sans lui répondre, se tourne vers Inèsia et lui dit : Allons, ma fille, allons voir M. l'archevêque; demandons-lui ce cher objet de nos affections, et nous verrons après ce que nous aurons à faire.... Fidély ! nous vous retrouverons ici ?

Gérald répond : Hélas ! madame ! nous devons y vivre et mourir; nous ne changerions pas cette rustique habitation pour un palais. — Il suffit.

La marquise et son Inèsia remontent dans leur voiture, et Micheline les conduit jusqu'au palais archiépiscopal, où elles descendent. Arrivées à une antichambre, la marquise dit à un huissier : Veuillez, mon ami, supplier monseigneur de recevoir un moment madame la marquise d'Arloy, accompagnée de mademoiselle Inèsia d'Oxfeld.

L'huissier regarde ces dames d'un air très-étonné, entre chez monseigneur, et revient presque sur-le-champ: Monseigneur, dit-il en souriant, apprenant par ma bouche que ces dames sont habillées en hommes, m'envoie les avertir qu'il n'a jamais reçu de mascarades.

La marquise et Inèsia sont frappées de la réflexion subite et tardive qu'en effet leur costume n'est pas assez décent pour visiter un tel personnage; elles sortent honteuses... mais Micheline leur ouvre bien vite un bon avis. Et comment, dit-elle, vous voilà bien embarrassées! N'avons-nous pas apporté dans cette valise des hardes de femme? Retirons-nous dans quelque auberge et changeons de tout.

Les trois dames furent alors s'établir dans un bel hôtel garni, où elles louèrent un appartement décent, dans l'intention d'y demeurer long-temps. Quelque chose qui arrive, dit la marquise, nous serons ici près de mon fils; nous le verrons tous les jours; nous le fatiguerons de nos instances, et il faudra bien qu'il cède à la fin. — Voilà, répondit Micheline, un parti raisonnable et que j'approuve. Nous le harcelerons si bien!....., moi sur-tout; laissez-moi faire.

Quand les dames eurent repris les vêtemens de leur sexe, elles retournèrent chez l'archevêque ; mais il était sorti, disait-on, et ne pouvait recevoir personne de la journée. Elles laissèrent un mot d'écrit pour le supplier de leur sacrifier quelques momens, à neuf heures du matin, le lendemain.

En remontant en voiture, elles virent descendre d'un escalier dérobé l'hermite le plus âgé, le digne compagnon de Fidély, que M. l'archevêque reconduisait lui-même avec les démonstrations du plus vif intérêt. «Adieu, Frère Fulgence, lui disait le prélat ; adieu, infortuné ; je recevrai vos dames, et je sais ce que j'aurai à leur répondre. J'oubliais de vous dire que j'ai déjà écrit en Italie, et j'espère que ma médiation pourra être de quelque poids dans cette malheureuse affaire. Adieu, mon Frère ; comptez sur mon amitié et sur tout mon zèle.»

Gérald aperçut soudain les deux dames qui étaient à quelques pas de lui. L'archevêque ne les connaissait pas ; mais Gérald les reconnut bien vite.

Gérald prit aussitôt des corridors, des détours, par lesquels une voiture ne pouvait pas passer, et trouva le moyen de revenir à l'hermitage, sans que les dames le rencontrassent.

Elles restèrent persuadées, comme cela paraissait l'être en effet, que le Frère Fulgence (ainsi qu'elles l'avaient entendu nommer) était venu tourner contre elles l'opinion de leur juge, et dès-lors elles prévirent un très-mauvais accueil de la part de monseigneur.

Elles furent bien désabusées, le lendemain matin ; car monseigneur les reçut avec une grace, une politesse et une affabilité peu communes.

Quand il les eut fait asseoir, il leur dit : Je sais, madame la marquise, et vous, mademoiselle d'Oxfeld, le sujet qui vous amène.

La marquise lui répondit : Monseigneur a vu, hier, le Frère Fulgence ? — C'est vrai, l'estimable Frère

Fulgence a eu avec moi une très-longue conférence, qui même m'a forcé à fermer ma porte à tout le monde. C'est un homme si intéressant, si digne qu'on prenne intérêt à son malheureux sort? — Son sort m'inquiette fort peu, monseigneur; c'est celui de mon fils qui m'alarme, qui me plonge dans la plus profonde douleur. Monseigneur, que fait-il là? Quel est cet homme qui le retient auprès de lui? — Personne ne retient Fidély, madame. C'est lui-même qui s'est offert à suivre les pas du Frère Fulgence. C'est de lui-même qu'il a formé le projet de se dévouer aux saintes pratiques de la religion. Il a prononcé ses vœux, de son gré, librement; personne n'a forcé sa vocation. En un mot, c'est de son propre mouvement qu'il s'est fait, pour la vie, le compagnon du Frère Fulgence. — Cela est-il possible, monseigneur ? — Je vous en donne ma parole d'honneur. — Ah !... je n'en puis douter... En ce cas, quel motif?... que lui est-il donc arrivé ? — C'est son secret, madame la marquise. — Il ne vous l'a pas confié, monseigneur? — Je vous assure qu'il ne m'en a pas dit un mot. — Il a donc un grand chagrin ? — Il faut le croire. — Qu'il n'avoue à personne ? qu'il garde obstinément dans son sein ? qui sans doute est ignoré de ce Frère Fulgence ? — Non, il ne l'est pas de ce digne homme. Je sais que Fidély a versé ses peines dans son sein; mais, sans doute sous le sceau de la confession ; vous pensez bien que Frère Fulgence ne le trahira point. — Frère Fulgence n'éclairerait point une mère !... — Il ne le peut pas; je puis vous assurer qu'il ne le peut pas. — Je ne saurai donc jamais la cause de la fuite de mon fils? — Madame, Dieu reçoit les vœux, les sermens des pécheurs, et ne les en délie que lorsqu'ils ont fait une rude pénitence. — Mon fils aurait-il péché. — Madame le sait, le plus juste pèche sept fois par jour. — Ah! voilà ce que c'est, monsieur mon fils a fait des fautes graves qui le forcent.... — Je ne dis pas cela, madame la marquise. Je le crois au contraire pur, innocent. — Mais, monseigneur, pourquoi cette fuite, cette réclusion ?

L'archevêque se recueille et réplique, d'un ton aussi doux que touchant : Madame la marquise ! il faut qu'une ame vraiment chrétienne se résigne à tous les sacrifices. La main du malheur s'étend sur nous au moment où nous nous y attendons le moins. Le voile qui la couvre est, d'abord long-temps, impénétrable, et souvent il est plus dangereux de le déchirer que de s'y accoutumer. Mais Dieu se laisse toujours toucher par la résignation, par la prière. Attendez et priez.... Vous aimez Fidély ? peut-être un jour jouirez-vous de son bonheur inespéré, et vous serez alors la plus heureuse des femmes..... Mais il faudra que vous l'aimiez de toutes les forces de votre ame, pour bien jouir de ce moment, qui est encore dans l'avenir, et par conséquent dans les décrets de la providence.

Quelle obscurité règne dans ce discours! pour la marquise sur-tout; pour une mère, qui adore son fils au-delà de toute expression ! est-il possible qu'elle le chérisse davantage ? C'est cependant ce qu'on lui recommande. Ainsi, par-tout, cette mère désespérée n'entend que des mots à double sens, des discours ambigus, des demi-confidences... Elle répond à l'archevêque : Je vois que monseigneur est plus instruit qu'il ne veut le paraître sur ce qui regarde mon fils. — Madame, je vous ai dit tout ce qu'il m'était permis de vous dire. Eh ! croyez que si je pouvais vous éclairer tout à fait, ce serait pour moi un très-grand bonheur. Mon devoir n'est point de me mêler des affaires de famille, mais de recevoir la confession et les vœux des fidèles. Ceux-ci me sont connus ; ils appartiennent maintenant à Dieu ; ce qu'ils ont fait, avant ce grand dévouement, ne me regarde plus, puisque je leur ai donné l'absolution de leurs fautes. — Que vous connaissez donc ? — Celles du Frère Fulgence seulement, mais sous le sceau de la confession. — Monseigneur, au moins, rendez-moi mon fils ? — Je ne le puis sans son consentement ; il est maintenant sous la protection des lois canoniques. Sa mère, ni personne, n'ont plus le droit de l'arracher à son respectable asile. — Monseigneur, veuillez vous mettre à la place d'une mère, d'une épouse ; car cette jeune personne est fiancée avec lui ! — Je sais, mesdames, que votre position est très-douloureuse. Je vous plains de tout mon cœur ; je vous offre, non seulement mon amitié, mais toutes les consolations qui peuvent dépendre de mon ministère, et j'oserai dire de la sensibilité de mon ame. Venez me voir, venez souvent ; vous.... vous, aussi, jeune et vertueuse Inèsia. Peut-être tirerez-vous quelque fruit des conseils que j'ai à vous donner.

L'archevêque insista sur cette invitation à Inèsia, de manière à lui persuader qu'il avoit quelque chose à lui dire en particulier. Elle se promit bien de saisir le moment de venir le visiter seule.

Il entra du monde chez le sage prélat qui, soudain, reconduisit les dames jusqu'à la porte. Elles sortirent donc, tout aussi avancées que lorsqu'elles étaient venues.

———

CHAP. VI.

CHAPITRE VI.

Les méchans se devinent et se lient plus vite que les bons.

« Approchez, fidèles ? voici l'heure de la prière à l'hermitage Saint-Fulgence ».

C'est l'aimable Frère Angély qui, le lendemain du jour où il a reçu la marquise et sa chère Inèsia, sonne, dès le matin, la cloche de l'oratoire, en disant ces mots qu'il a coutume de répéter deux fois, chaque journée, depuis son nouvel état.

Les ames pieuses des environs s'empressent alors d'accourir et de s'agenouiller en face de la porte de la chapelle, pour y mêler leurs prières à celles que les deux hermites font mentalement devant leur prie-dieu. Deux cavaliers à cheval passent, s'arrêtent par curiosité, et l'un d'eux demande assez haut à une bonne femme : Qu'est-ce que cela, madame ? est-ce une nouvelle chapelle ? y va-t-on célébrer quelque cérémonie ? Il me semble que je n'ai jamais vu de moine ici depuis bien des années. — Monsieur, répond la femme, ce sont deux saints hermites que monseigneur l'archevêque a installés dans cet oratoire, et qui nous appellent tous les matins au bonheur de partager leurs prières.

Pendant que cette femme dit ces mots, Gérald et son fils restent frappés d'étonnement ; car ils ont reconnu la voix de leur ennemi Salavas.

C'est le baron, dit tout bas Fidély à Gérald, à côté duquel il est à genoux ! — C'est lui; ne nous retournons pas. — S'il allait entrer ! — Il n'est pas assez dévot pour cela. Il est sans doute avec Le Roc; tu vas voir qu'ils passeront outre.

Gérald avoit deviné juste. Le baron et son confident piquent leurs chevaux et s'éloignent. Où vont-ils, ces méchans ? quelle affaire les amène dans ces campagnes ?... Voulons-nous le savoir, suivons-les.

Que ces paysans, dit Le Roc à son maître, sont idiots avec leur sotte dévotion ! Les avez-vous vus là, agenouillés, courbés jusqu'à terre, pour partager, disent-ils, les prières de deux vieux cagots, qui se moquent d'eux sans doute en recevant leurs aumônes ; car toutes ces momeries ne servent aux moines qu'à attraper de l'argent. — C'est que l'argent, Le Roc ! l'argent est bien précieux, et il n'y a point de sot métier quand il en rapporte à son maître. C'est ton principe, c'est le mien. Par exemple nous en avons une source intarissable dans les services que nous rendons au seigneur Léonardo. Il est arrivé en France ! Le voilà dans cette province ; il nous écrit pour que nous allions le rejoindre à Auch. Il y est, dit-il, logé *incognito* dans la meilleure auberge. Il ne sera pas difficile de trouver cette meilleure auberge, la ville n'est pas grande. — Pardonnez-moi, monsieur ; une partie de la ville est sur le sommet et l'autre sur le penchant d'une colline, au bas de laquelle coule la rivière du Gers. — C'est égal, nous entrerons par la partie inclinée de cette ville, qui est escarpée, et nous monterons les deux cents marches de l'escalier de pierre qui y conduit. Quand nous serons là, nous verrons. Le seigneur Léonardo, qui quittait l'Italie en même temps qu'il nous adressait sa lettre, n'a pas pu nous indiquer un domicile fixe dans une ville qu'il ne connaît pas. Il nous dit seulement qu'il y descendra dans la meilleure auberge. C'est à nous à la trouver. Mais à propos tu es donc déjà venu à Auch, toi, Le Roc ? — Oh ! dans mon enfance; il y a bien des années de cela. Je ne me rappelle plus du tout l'intérieur de cette ville; il n'y a que le grand escalier de pierre, qui soit resté dans ma mémoire ; les enfans !..... — Tu ne connais pas la cathédrale? C'est un beau monument ! Nous y entrerons en arrivant... Je pense à Léonardo. Il a, dit-il, des raisons très-fortes pour chercher lui-même son ennemi dans cette province. Il nous les dira sans doute, ces raisons, et nous le servirons de tout notre pouvoir. — S'il y a encore beaucoup d'argent à gagner. — Comme tu dis fort bien, s'il y a... Mais que Léonardo réussisse, ce sera bien autre chose. Et les honneurs donc, mon cher! en serai-je accablé? — Je le crois, ou le seigneur Léonardo serait bien ingrat!

Tout en causant de cette manière, ils arrivèrent à Auch, et s'arrêtèrent devant la cathédrale, qui est au centre et le seul monument intéressant de la ville. Le portail leur parut d'un effet choquant, en ce qu'il résulte de l'union des genres grec et gothique. Le baron et Le Roc entrèrent dans l'église et y admirèrent successivement le porche qui soutient le buffet d'orgue, le jubé, les chapelles qui entourent la nef et le chœur, le maître-autel, etc. Mais ce qui leur parut d'une beauté supérieure, ce fut la boiserie du chœur dont les ouvrages ont été exécutés au commencement du seizième siècle. Les figures qu'on voit dans les bas-reliefs et ailleurs ne sont pas d'une grande pureté de dessin; mais les ornemens qui les accompagnent sont admirables par l'élégance des contours, et sur-tout par la délicatesse de l'exécution. Le baron et Le Roc les comparèrent à une espèce de filigrane en bois.

Tandis qu'ils examinaient minutieusement ces objets curieux, une chaise, renversée maladroitement, tomba sur les jambes du baron; il se retourna et vit un chanoine, auteur de ce léger accident, et qui le pria d'agréer ses excuses.

En se regardant tous les deux, le chanoine et le baron se reconnurent sans pouvoir se dire où ils s'étaient vus. Monsieur, pardon, dit le chanoine, j'ai rencontré monsieur quelque part ? — Et moi, monsieur l'abbé, je crois vous avoir vu ?.... — Je ne sais.... — Ah ! je me rappelle, monsieur l'abbé ; il n'y a pas bien long-temps de cela ; au pied des Pyrénées, là-bas, vous me demandâtes votre chemin ; nous causâmes ensemble ; vous étiez bien fatigué d'une pénitence que votre archevêque vous avait imposée, vous en souvenez-vous ?

Le chanoine Sably (car c'était lui) en quittant Gérald et son fils qui l'avaient secouru, dans le bois, le matin de leur fuite de la maison de Vernex, avait rencontré en effet le baron de Salavas qui lui avait
ndiqué

indiqué la route la plus courte pour aller au couvent des capucins de Birnau. Le chanoine lui répondit : Monsieur a raison, ce jour-là nous causâmes ensemble; mais j'étais bien soulagé depuis quelques heures. Figurez-vous, monsieur, qu'en vous abordant, je venais de faire la plus singulière rencontre!... Je ne vous en parlai pas alors, parce que je ne comptais pas trop sur les promesses trop flatteuses de l'étranger, encore moins sur son crédit étonnant. — Comment, quel étranger ? — Un voyageur et son fils, apparemment, un jeune homme de vingt à vingt-deux ans. — Un voyageur et son fils ! ce matin-là même ? — Oui. — L'un d'eux n'était-il pas aveugle ? — Je vous réponds que non; tous les deux étaient bien clairvoyans, et paraissaient très-pressés; on aurait dit qu'ils s'enfuyaient, tant ils allaient vîte. — Serait-ce eux ? leur signalement, s'il vous plaît ?

Le chanoine dépeint d'abord Gérald, et le baron s'écrie : S'il feignait d'être aveugle, ce pourrait bien être lui ; et le jeune homme ?

Après que le chanoine l'a désigné, le baron poursuit : Celui-là est bien Fidély. Ce sont ses traits, c'est sa mise. Que sont-ils devenus, s'il vous plaît ? — Il m'est facile de vous l'apprendre. Le père... car je crois que l'homme de moyen âge est le père de l'autre voyageur ? — Vous vous trompez, il ne l'est pas; mais continuez. — Le plus âgé des deux, si vous voulez, a eu (chose étonnante !) assez d'empire sur monseigneur pour obtenir de lui mon pardon et ma réintégration dans ma place ; en outre de cela, monseigneur l'a comblé d'égards, de politesses, et il a donné à cet étranger, ainsi qu'à son jeune compagnon, un hermitage qui est à une demi-lieue d'ici, sur les bords du Gers. Tous deux sont maintenant hermites, et sous la protection immédiate de monseigneur. — Quoi ?... Le Roc, quelle découverte ! nous venons de passer devant ces deux hermites, que nous n'avons pu reconnaître, parce qu'ils nous tournaient le dos. Serait-ce l'homme que nous cherchons et le fils de notre amie, la marquise d'Arloy ? — C'est cela, réplique le chanoine Sably. C'est le fils d'une marquise, dont le château est aux environs de Barrége. Cette marquise est venue hier, avec une demoiselle Inésia, pour supplier monseigneur de lui rendre son fils, ce qu'il n'a pas fait. J'ai su tout cela, moi, du valet de chambre de monseigneur qui, caché derrière une porte, a entendu toute la conversation et me l'a rapportée. Ce n'est pas que je sois curieux; mais j'aime à savoir ce qui se passe.

Le lecteur voit déjà d'ici que le méchant Sably n'avait que trop mérité une punition à laquelle la trop grande bonté de Gérald avait fait mettre un terme. Voilà déjà une indiscrétion qui pourrait nuire à son bienfaiteur, dont il ignore les affaires et les relations.

Le baron et Le Roc ne reviennent pas de leur étonnement. Que Gérald ne soit pas aveugle, cela ne les surprend pas; cette prétendue infirmité était nécessaire à son déguisement; mais que le hasard leur fasse découvrir sitôt l'asile de leur victime, voilà ce qu'ils regardent comme un coup du ciel. Monsieur l'abbé, dit-il au chanoine, cet homme que vous nous dépeignez, cet hermite, le plus âgé des deux, est un grand criminel que les lois poursuivent et que nous sommes chargés d'arrêter par-tout où nous le trouverons. Le peu de reconnaissance, que vous conservez peut-être pour une action toute simple de sa part, vous empêcherait-il de nous servir, si nous avions besoin de votre secours? — Au contraire, monsieur. Si cet homme est un grand coupable qui se cache sous un habit respectable, la religion, mon devoir, tout m'autorise à vous aider, si cela est en mon pouvoir. — Bien: voilà l'esprit d'un véritable ecclésiastique. — Je le crois. Regardez-moi donc comme votre tout dévoué. — Pour le moment, nous n'avons rien à faire encore; il faut réfléchir, le voir d'abord.... Il faut, Le Roc, rejoindre avant tout notre Léonar... tu sais bien? — C'est, répond Le Roc, la première chose à faire. — Oserais-je, monsieur l'abbé, vous demander votre nom ? — Le chanoine Sably, dans le cloître, n.° 13. — Mille remercîmens.... Ah, pardon, encore une question, qui peut-être est peu décente à faire à un homme de votre caractère. Sauriez-vous me dire quelle est la meilleure auberge de cette ville? — Sur la grande place, ici, *à l'Epée couronnée*. Oh, vraiment, on y est bien ; moi et mes amis nous ne mangeons de bonnes matelotes que là !

Fort bien, se dit tout bas Salavas; méchant, médisant et gourmand, voilà un homme comme il m'en faut ; j'en ferai bientôt un ami.

Le baron confia sous le secret à l'abbé Sably qu'il s'appelait le baron de Salavas, nom qui était très-connu du chanoine, enchanté de faire une connaissance aussi honorable, selon lui. Ils se séparèrent.

Le baron et Le Roc allèrent soudain à l'auberge indiquée, où on leur apprit qu'on avait en effet reçu une lettre d'avis dans laquelle on retenait un bel appartement pour un jeune seigneur du nom de Léonardo, mais que ce voyageur n'était point encore arrivé.

Nos méchans dinèrent alors, et remontèrent à cheval aussitôt après pour se rendre à l'hermitage Saint-Fulgence, devant lequel ils étoient passés, le matin, sans savoir qu'il renfermât l'objet de leurs recherches.

En entrant, ils y trouvèrent la marquise et son Inèsia qui fondaient en larmes. Ces deux dames, mécontentes de l'explication de l'archevêque, étaient venues voir Fidély; et tout annonçait qu'elles avaient le projet de l'accabler, tous les jours, de leurs visites et des mêmes persécutions.

Gérald resta bien étonné de voir entrer son mortel ennemi, accompagné de son digne confident : il se leva et dit : Vous êtes bien hardi, monsieur le baron, de souiller ce saint lieu par votre odieuse présence ! Savez-vous chez qui vous êtes ? — Je le sais, saint homme !.... à présent que vous n'avez plus vos haillons de la misère, je vous reconnais très-bien. Depuis vingt ans, vos traits, quoique plus jeunes alors, sont restés gravés dans ma mémoire. Et toi, Le Roc, le reconnais-tu aussi?

Le Roc, tout tremblant, et son chapeau à la main, répond en balbutiant : Monsieur est..., est en effet présent à mon souvenir.... comme si... comme si... Oh ! c'est bien monsieur.

Gérald regarde Le Roc avec mépris, et lui dit : Vil agent d'un traître tel que le baron, ne crains-tu pas qu'un jour ta tête ne paie les services affreux que tu lui as rendus ? Elle tombera, ta tête coupable, pour donner l'exemple à des bas valets comme toi.

Le Roc frémit et reste pétrifié. Le baron lui-même paraît glacé de terreur. Il répond cependant pour son confident et pour lui : Monsieur, on n'est point un traître pour obliger un ami, pour servir en un mot la cause des lois, tel que je le fais. Ma position est embarrassante, je le sais. Je gagne tout, si mon ami réussit; je perds la liberté, la vie peut-être, s'il succombe ; car alors, vous ne me ménageriez pas ! — Oh ! non, certes ! — Est-ce ma faute, après tout ? Combien vous ai-je demandé de rendez-vous, pour vous offrir ma médiation ? pour vous rendre même des services plus importans que vous ne pensez ; vous m'avez toujours évité ! Pourquoi craignez-vous que j'use de rigueur, que j'exécute les ordres qui me sont donnés, quand, de vous à moi, dans un tête à tête, je puis encore tout arranger ! — Je ne vous entends pas. — Veuillez sortir un moment, avec moi ? je vous dirai... — Tu sortiras seul, méchant que tu es, et je te défends de mettre les pieds dans cet asile de la solitude, de la méditation et de la prière, où je ne crains ni toi, ni tes pareils. J'y suis sous la protection de monseigneur Ayrard de

Clermont - Lodéve. Tiens, lis; j'ai encore la bonté de te donner la preuve de ce que j'avance.

Gérald ne confie pas son sauf-conduit. Il le tient, et le baron de Salavas, s'approchant, lit, moitié haut, moitié bas :

« *Nous... etc... primat d'Aquitaine, etc. mettons, par ces présentes, sous les lois canoniques... etc... le nommé Frère Fulgence; défendons, en conséquence, à toute autorité civile ou militaire... etc.* »

Il ajoute tout haut : Frère Fulgence! c'est-là votre nom ? — Jusqu'à nouvel ordre. Vous m'entendez ? — Mon Dieu, vous seriez aussi embarrassé que moi, si vous étiez à ma place. — Si j'y étais, je serais un grand misérable! — Il faut que j'endure tout, quand d'un mot je pourrais!... — Vous ne pouvez plus rien, ni vous, ni même celui qui vous fait agir. — Il va venir, celui dont vous parlez. Nous verrons si vous aurez devant lui la même morgue et le même ton. — Qu'il vienne, je l'attends.—Dites qu'il vous fera trembler? — Je n'ai tremblé devant aucun homme. Celui-ci ne m'intimidera point. — C'est ce que nous verrons; adieu. — Adieu! rappelez-vous, baron de Salavas, que, si vous revenez ici, c'est moi qui vous en ferai chasser par les gardes de monseigneur!

Le baron et Le Roc se retournent vers les dames. Le baron leur dit: Il paraît, marquise, et vous, Inèsia, que votre fugitif est aussi rebelle que le mien? Je puis affirmer par exemple, moi qui connais très-bien l'un d'eux, que je ne puis deviner le motif de leur union mystique. Ils n'ont réellement aucun rapport entre eux. — Qui les attache ainsi l'un à l'autre, dit la marquise ? Mon fils, il faut donc que je vous quitte, de plus en plus désespérée !

Gérald répond pour le jeune homme : Supprimons ces visites, madame ? elles ne font qu'accroître les chagrins de tout le monde. Que, de temps en temps, vous veniez voir votre fils, cela est naturel, je ne m'y opposerai pas ; mais tous les jours ! et, tous les jours, gémir, pleurer, l'interroger sur des choses qu'il ne peut, qu'il ne doit pas même vous confier ! Quoique j'aie pour vous le plus grand respect, mesdames, et que je vous plaigne beaucoup, oh ! bien sincèrement dans le fond de mon cœur, je serais obligé d'employer l'autorité de monseigneur, pour mettre fin à ce qui deviendrait une véritable importunité.

Gérald avait dit cela avec infiniment de ménagemens, mais, en même temps, d'un ton très-ferme.

Le baron dit aux dames : Allons, marquise, allons, Inèsia, retournez à Arloy. Comptez que je n'épargnerai rien pour hâter le moment où tout ceci s'éclaircira. Cela ne durera pas long-temps, je vous l'assure, et vous sentirez la sagesse de mes conseils quand je vous aurai rendu votre fils.—Vous l'espérez, baron ?—J'attends quelqu'un qui mettra un terme à tous ces mystères. Permettez-moi donc de vous reconduire à votre château, et laissez-moi agir.

La marquise sentit qu'elle ne pourrait pas passer la nuit dans l'hermitage. Elle céda aux avis du baron et sortit avec Inèsia, après avoir embrassé tendrement Fidély, qui lui rendit caresse pour caresse.

Les dames remontèrent en voiture,

non pour retourner au château, mais pour reprendre la route d'Auch, où elles voulaient séjourner encore quelque temps. Salavas et Le Roc allèrent aussi s'établir dans leur auberge qui, par hasard, était la même où l'on attendait le seigneur Léonardo.

CHAPITRE VII.

Tout le monde a-t-il perdu la téte!

La marquise d'Arloy avait éprouvé trop de secousses, pour que sa santé n'en souffrît pas. Une assez forte fièvre l'avertit de se mettre au lit où elle resta trois jours, non dangereusement malade, mais sans couleur et sans force. Tandis que Micheline lui prodiguait tous ses soins, Inèsia, accablée de son côté sous le poids de la douleur, saisit un moment favorable pour aller, seule, visiter l'archevêque, qui avait paru lui conseiller cette démarche. Elle se fit annoncer, et le prélat s'empressa de venir au devant d'elle. Il lui prit la main, ordonna qu'on ne laissât plus entrer

entrer personne, et, la faisant asseoir auprès de lui, il lui dit en la regardant de l'air du plus vif intérêt : Eh bien, mademoiselle, qu'avez-vous à me dire ?

Inésia soupirait, sanglotait, et sa langue restait glacée dans sa bouche : Parlez-moi, mon enfant, ajouta le saint homme, je veux être votre confident, votre ami, votre père; voulez-vous bien me regarder comme votre père ? — Oh, monseigneur ! — Eh bien, ouvrez-moi votre cœur ? — Monseigneur connaît la source de mes larmes; elle est intarissable. — Vous aimez Fidély, je le sais; vous fûtes fiancés, il est presque votre époux, et cet amour est pur aux yeux de Dieu et de ses ministres. Je ne sortirai donc point de la gravité de mon caractère, en en causant avec vous, et vous avez deviné sans doute

que je désirais vous parler sur cela ?
— C'est ce qui m'a enhardie, monseigneur, à prendre la liberté de vous importuner. — Eh bien, raisonnons, ma chère enfant.

Le sage Ayrard s'approche d'elle, et lui parle à demi-voix, comme s'il craignait d'être entendu : Le Frère Fulgence, dit-il, en me priant de l'admettre au tribunal de la pénitence, en me faisant l'entière confession de ses fautes, m'a révélé le secret qui a contraint Fidély à vous fuir, qui le force encore aujourd'hui à prendre l'habit et la manière de vivre d'un solitaire. Vous sentez bien, mon enfant, que je ne puis plus révéler ce secret; mais il en existe un, fatal, extraordinaire et qui fait bien voir la profondeur des décrets de la divine providence ! Fidély, par honneur, par devoir, ne pouvait plus

rester près de la marquise et de vous. Il devait!.... il devait se consacrer à Dieu, et il l'a fait. Cette barrière insurmontable, qui s'est élevée entre vous et lui, est.... Oserai-je achever ! non, oh non, je vous affligerais trop !
— Dites, oh, dites, monseigneur?
— Eh bien, ma fille, si j'ai la force de vous le dire, ayez le courage de l'entendre ? Cette barrière insurmontable, Inèsia, ne peut jamais se briser; elle vous sépare pour la vie ! Vous frémissez ! telle est l'austérité de mon pénible ministère, que je vous dois toute la vérité. Non, Inèsia, jamais Fidély ne sera votre époux, jamais! S'il reste toujours infortuné, vous sentez qu'il ne peut aspirer à votre main. Si, par la bonté de notre créateur, il devient heureux, il le peut encore moins. Plus le sort au contraire lui deviendrait favora-

ble, plus ce sort, fatal à votre amour, l'éloignerait de vous. Ceci vous paraît singulier! dans les deux chances, de malheur ou de bonheur, il faut qu'il renonce à vous! Il vous adore cependant. Je sais qu'il vous chérit tendrement; ne pouvoir vous obtenir pour femme est pour lui le coup de la mort. Il en mourra donc! il faudra qu'il en meure, puisque cela est impossible.

Inèsia ne peut croire ce qu'elle entend! Son amant, malheureux ou fortuné, lui est enlevé pour jamais; et quelle est la personne qui lui donne cette cruelle certitude? C'est un vieillard à cheveux blancs, un saint prélat, que tout le monde aime, vénère, et qui ne peut rien hasarder légèrement! Ce vieillard a entendu la confession de Frère Fulgence; il sait ses secrets, tous ceux de Fidély, et il affirme que Fidély ne peut jamais épouser Inèsia !... Elle s'écrie : O mon père ! quel trait douloureux vous avez jeté dans mon triste cœur ! —Bien, Inèsia ! vous m'appelez votre père ! je le suis, je veux l'être ; car vous avez besoin de consolations. — Moi, me consoler ! jamais !

Elle verse un torrent de larmes. Le prélat est attendri. Il la presse dans ses bras et ajoute : Pleurez, mon enfant ; pleure, ma fille ! tes larmes sont bien naturelles. Loin de moi ces cœurs froids qui ne savent pas compâtir aux faiblesses des passions humaines ! Ces funestes passions portent avec elles leur supplice. Oh, qu'elle est bien plus tranquille, l'ame pure, qui, dégagée des liens terrestres, s'élève toute entière à Dieu ! qui n'a d'autre amour que celui qu'elle doit à son créateur, d'autres plaisirs enfin, que l'inéfable douceur de le servir! Cet être là ne connaît ni les gémissemens, ni les sanglots, ni les larmes qu'entraînent toujours à leur suite les fausses jouissances de ce monde...Résignez-vous, Inèsia! élevez votre ame vers Dieu; faites-lui le sacrifice entier de votre amour, et vous recouvrerez la paix du cœur!

L'archevêque avait dit ces mots d'un ton inspiré. Inèsia, essuyant soudain ses larmes, lui répondit: Vous m'éclairez, mon père! c'est Dieu lui-même qui me parle par votre bouche. Il m'appelle à lui, comme il a touché mon Fidély. Fidély s'est fait hermite; je me jette, à son exemple, dans une maison religieuse. Monseigneur! il existe à deux pas d'ici et sous votre domination, une communauté de saintes filles hospitalières sous la règle de Saint Vincent de Paule, j'implore votre protection pour entrer dans cette pieuse retraite, pour y consacrer ma vie à la prière et aux devoirs de l'hospitalité qu'on y exerce envers les malheureux !

Le sage Ayrard paraît plus qu'étonné d'une vocation aussi subite. Il s'écrie : Que dites-vous, ma fille ! serait-ce là le fruit de mes conseils ! A Dieu ne plaise que je vous engage à prendre un pareil parti ! Eh quoi, mes discours auraient produit sur vous un tel effet ! je vous aurais engagée à prendre le voile, moi, qui suis l'ennemi des vœux forcés, des vocations nées de la contrainte ! oh, ma fille, que vous m'avez mal entendu ! croyez que je ne suis point de ces prêtres qui profitent du malheur, ou de la faiblesse des jeunes personnes, pour troubler leurs têtes, pour égarer leur raison! Je suis au contraire le premier à les détourner de prendre le voile, lorsqu'elles viennent me consulter. Dans les couvens, mon enfant, il faut être d'une pureté d'ame! presque au-delà des bornes de la nature, pour faire son salut. Il faut ne pas avoir connu le monde et ses trompeuses amorces, encore moins l'amour, passion funeste, dont la suite, composée des soucis, des regrets, des remords souvent, vous poursuit dans le silence du cloître le plus saint. Vous n'êtes à la divinité que parce que vous n'avez pas pu être à un homme. Croyez-vous que Dieu puisse être flatté d'un pareil partage et d'une préférence aussi offensante pour lui! Peut-il recevoir dans son sein la mondaine créature qui brûlait de presser un homme sur le sien!

Doit-il

Doit-il agréer des vœux que vous destiniez à un autre, celui de célibat sur-tout, qu'en secret vous brûlez toujours de rompre ! L'amante abandonnée en un mot est déplacée parmi les vierges du Seigneur. Il veut des épouses libres de leur volonté, entièrement dévouées à lui, qui aient toujours préféré le Créateur à la créature, qui ne fassent monter vers son trône que des vœux libres et un encens pur. Et d'ailleurs ces vierges saintes vous mépriseraient, ma fille; elles vous rendraient malheureuse dans une enceinte où elles croiraient vous voir souiller l'air qu'elles respirent.... Quittons la figure pour vous expliquer ceci qui vous paraît dur peut-être et même injurieux de ma part. Croyez-vous que la paix et le bonheur habitent toujours dans les cloîtres ! là règnent plus qu'ailleurs la jalousie, la médisance, la petitesse d'ame, la flatterie, la fausseté, les caquets, les rapports, la discorde en un mot. L'orgueil y ronge le cœur de celle qui se croit meilleure que les autres. Il s'établit des degrés de suprématie suivant les degrés d'estime qu'on croit mériter. Madame la supérieure a des complaisances pour l'une plus que pour l'autre; de là naît l'envie, et celle qui en est la victime paie cher alors la perte de sa jeunesse et de sa liberté. Non, mon enfant, je ne vous conseillerai jamais de vous faire religieuse. Quand on prend cet état par goût, je le souffre; mais je n'y excite personne.

Inèsia écoutait à peine ce que lui disait le digne prélat. Elle ne pensait qu'à Fidély, qui s'était fait hermite, et elle voulait suivre son exemple. Elle se jeta aux genoux de l'archevêque, en lui disant : J'ose vous en supplier, monseigneur, accordez-moi votre protection pour entrer aux Dames Hospitalières ! — Je vous le répète, ma fille, vous m'avez mal entendu. Suivez plutôt l'avis que je vais vous donner ; il est la conséquence de mon premier discours. Retournez au château d'Arlay, priez Dieu de vous donner la force d'éteindre un amour qui est désormais sans espoir. Vivez dans la pratique des vertus, ne cessez pas de prier Dieu, et vous verrez que Dieu fera descendre petit à petit dans votre cœur la résignation, la consolation, l'oubli d'une passion infructueuse, et par conséquent la douce paix et la sérénité. — Monseigneur, je meurs à vos pieds, si vous ne m'accordez pas la grace que je vous demande ? — Quoi ! toujours le couvent ?... Et vous abandonnerez donc la respectable marquise à ses propres douleurs? — Qui suis-je près d'elle ! une fille sans biens, sans nom, sans titre à sa tendresse ; une veuve sans avoir été mariée, dont les gémissemens continuels ne pourraient qu'aggraver sa peine, lui rappelleraient sans cesse l'objet de ses regrets ! Dans le couvent où je vais entrer, les dames sortent, reçoivent du monde; elles ne sont point assujetties à une règle trop austère ; je verrai souvent ma généreuse protectrice, et, trouvant dans la religion la force de diminuer mes propres chagrins, j'adoucirai les siens.... Oh ! monseigneur ! un mot de votre main, et je cours soudain me vouer au culte des autels, au soulagement des malades et des infortunés. — Réfléchissez, Inésia? quelques jours ? nous verrons après. — Mon parti est pris, monseigneur. A l'instant même, je vous en supplie. Si vous me refusez, je suis capable de quelque acte de désespoir. — Vous le voulez ! rien ne peut vous détourner de ce triste dessein ? — Rien ! — Je vais donc vous satisfaire.

Il écrit, et donne ensuite la lettre à Inèsia, en ajoutant : Portez vous-même ce papier à madame la supérieure ; elle vous recevra sur-le-champ, à ma considération. Heureusement que, pendant votre noviciat, vous aurez tout le temps de faire vos réflexions. Allez, Inèsia ; vous me trouverez toujours prêt à briser vos liens, à vous rendre au monde et à la société que vous allez priver de son plus bel ornement.

Inèsia, au comble de ses vœux, remercia le respectable Ayrard et rentra chez la marquise qui allait beaucoup mieux. Elle ne lui dit pas la démarche qu'elle venait de faire, ni le parti qu'elle allait prendre; et, le lendemain, voyant que sa bienfaitrice n'avait plus qu'à recouvrer ses forces, Inèsia se rendit secrètement au couvent des Dames Hospitalières, où la supérieure l'admit, à l'instant même, au nombre de ses novices.

CHAPITRE VIII.

Mauvais accueil qui console les honnêtes gens.

La marquise d'Arloy, en prenant un bouillon, vers midi, demanda à Micheline : Où est donc Inésia ? je ne l'ai pas vue de la matinée. — Madame, mademoiselle d'Oxfeld est sortie dès huit heures avec un commissionnaire, qu'elle a chargé de quelques effets. — Avec un commissionnaire ? où peut-elle être allée ? hier, elle est restée long-temps dehors, sans me dire, à son retour, le motif de son absence. T'en a-t-elle fait part, Micheline ? — Hier, non ; mais ce matin, la voyant sortir de cette manière, je lui ai dit : Oh, mon

Dieu, mademoiselle, pourquoi donc ce bagage? on dirait que vous allez voyager!.... Elle m'a serré la main en soupirant, en levant les yeux au ciel, et elle est partie. Vous m'appelliez, madame; je n'ai pu la questionner davantage.

A l'instant, on apporte une lettre à la marquise qui la décachete et lit :

« *Ma bonne mère! qu'allez-vous*
» *penser de moi! vous allez dire*
» *que tout le monde vous aban-*
» *donne?... Non, je ne vous aban-*
» *donnerai jamais, je vous serai*
» *même plus utile du fond de la*
» *retraite sainte où je viens de*
» *m'ensevelir pour toujours! je*
» *suis maintenant au nombre des*
» *vierges qui habitent la sainte*
» *communauté des Dames Hospi-*
» *talières. Une lettre de monsei-*
» *gneur, pleine apparemment de*

» *détails trop honorables pour moi,*
» *m'y a fait recevoir... On m'a don-*
» *né la cruelle certitude que jamais*
» *Fidély ne serait mon époux... Je*
» *l'ai imité ; je me suis vouée au*
» *culte des autels. Venez, aussitôt*
» *que vous le pourrez, venez voir*
» *votre infortunée et toujours res-*
» *pectueuse fille* ».

Inèsia d'Oxfeld, *Sœur S.te Rose.*

Eh bien, s'écrie la marquise, ils sont donc fous tous les deux ! je ne suis entourée que d'insensés de tous les côtés ! L'un se fait hermite, voilà l'autre religieuse, et moi, ils me laissent là ! Je ne suis plus rien pour eux ; ils me laissent là, comme une vieille qu'on abandonne ! Micheline, as-tu jamais rien vu de pareil à ma situation ? est-il une femme plus infortunée, une mère plus cruellement outragée ? La nature, l'amitié, la reconnaissance ont brisé tous les liens qui les attachaient à moi ? Enfant, amie, tout le monde me délaisse ? il ne manquerait plus que toi, ma pauvre Micheline ; s'il te prenait envie de prendre le voile à ton tour ? — Pour moi, madame, ne craignez jamais... — Pourquoi donc pas ? c'est une rage apparemment, qui prend à tout le monde. Et moi-même ! en vérité, je ne sais pas s'ils ne me forceront point à suivre leur exemple ! Mais, mais, le sort a-t-il jamais traité une femme avec plus de sévérité ? que s'est-il donc passé tout à coup dans ma famille ? qui a pu y jeter cette torche de discorde ? qui a mis tous ces gens là dans un prétendu secret, qu'on me cache à moi seule ? Micheline elle-même en sait quelque chose ; j'en mettrais ma main au feu ? C'est donc une aventure bien épouvantable, et l'on a donc exigé de vous tous un serment bien terrible, puisque vous ne pouvez pas la révéler? — Ma bonne maîtresse, votre cœur ne vous dicte pas ce que vous me dites là. Vous me connaissez trop bien pour vous méfier de ma franchise, et du zèle que je mettrais à vous éclairer, si je le pouvais! — Si je le pouvais; voilà un mot énigmatique. Au surplus, ma bonne Micheline, je ne peux pas t'en faire plus un crime qu'à Inèsia qui, apparemment, a fait quelque découverte; on lui a assuré, dit-elle, que Fidély ne serait jamais son mari. Qui donc? c'est quelqu'un qui lui en a appris plus que je n'en sais. Elle a vu l'archevêque, il faut le croire, et c'est lui qui lui a inspiré le goût du couvent. Quand je m'en plaindrais à ce prélat; ses cheveux blancs, ses discours, son aspect vénérable, tout m'en impose, et je n'aurais pas la force de m'exhaler en reproches devant un homme que tout le monde vénère!... Que faire, que faire?... Vois donc si M. de Salavas est chez lui?

Il y était; Micheline le pria d'entrer chez madame; le baron s'y présenta, et la marquise lui fit part de la lettre d'Inèsia. Il s'écria soudain comme elle, que tout le monde était devenu fou, et s'offrit pour aller tancer (ce fut son expression) la jeune personne sur son escapade. Non, dit la marquise, j'irai sans vous. Vous avez eu des droits sur elle, vous pourriez en abuser, au lieu que moi, je lui dirai doucement ma façon de penser, et je l'engagerai au nom de l'amitié, à revenir auprès d'une malheureuse mère, la consoler, lui tenir fidèle compagnie, ainsi qu'elle le lui avait promis.

Je vous l'ai toujours dit, répondit le baron, que c'était la plus mauvaise tête, la plus entêtée !.... Vous en étiez infatuée; vous le voyez, elle vous manque à vous comme elle m'a toujours manqué. — Laissons cela, répliqua la marquise. Je n'ai pas pu vous voir, ces jours-ci, puisque je suis tombée malade en sortant de l'hermitage ; éclaircissez moi donc un fait. Est-ce que ce Frère Fulgence est le même que l'aveugle de la fontaine Sainte-Catherine ? — C'est le même. — Je ne m'étonne plus que mon fils... Mais cet homme paraissait plus âgé. — Il a quarante à quarante deux ans. — Il s'était vieilli ; il feignait d'être aveugle ? — Tout le monde le croyait. — Vous le connaissez bien, puisque vous vous êtes querellé avec lui devant nous. Nous n'avons pas pu saisir un seul trait de lumière dans les choses plus que dures que vous vous êtes dites l'un et l'autre. Quel est donc cet homme? — Un grand coupable, qui se cache en France, sous des habits, sous des noms supposés, et que les lois poursuivent pour le frapper de leur glaive, sévère, mais juste ici. — Grand Dieu ! qu'a-t-il donc fait ! il paraît que vous avez lieu de vous en plaindre ? — Je le crois, et c'est moi qui suis chargé de faire exécuter l'ordre de le faire arrêter par-tout où on le trouvera. — Puisqu'il est coupable, que n'avez-vous mis plutôt cet ordre à exécution; il n'aurait pas eu le temps de m'enlever mon fils. — Par exemple, j'ignore absolument ce qui les attache tant l'un à l'autre. Plus j'y réfléchis, moins je trouve les motifs de cette union. — Fidély le connaît-il depuis long-temps ; se serait-il découvert à Fidély ? Aurait-il engagé mon fils à le servir dans quelque faute, un crime peut-être !.... Mais mon fils a trop de moralité.... Cependant, on s'y perd. — Oh, je m'y perds plus que vous, je vous l'assure... moi qui connais le monde, qui sais de quoi le cœur humain est capable, j'ai beau chercher, je ne trouve rien. — Mais, répondez-moi donc ; le nom de cet homme ? Quel est-il ? D'où vient-il ? — Son vrai nom, je ne puis le dire. — Ah, bon ! vous êtes aussi dans les mystères, vous ! — Ce qu'il est, je dois également le taire, et d'où il vient, je n'en sais rien ; car il y a au moins vingt ans que je l'ai tout à fait perdu de vue. On l'a bien cherché depuis ce temps là, et si je ne l'avais pas trouvé, on le chercherait

encore. — A quoi cela vous mène-t-il, puisque vous n'agissez pas? — Eh, madame, c'est qu'il y a bien des circonstances délicates dans cette maudite affaire. Un jour, vous saurez tout cela, et vous partagerez l'embarras dans lequel je me trouve. A présent, par exemple, le voilà sous la protection d'un archevêque, d'un primat d'Aquitaine, d'un prélat tout puissant auquel notre roi Louis XIV lui-même n'oserait donner des ordres contraires à ses devoirs! Mon ordre reste dans ma poche; je n'en puis rien faire. Oh, si l'homme que j'attends ici et qui tarde bien, était arrivé! — Quel est cet homme? — — Il s'appelle Léonardo. — Léonardo, ce nom là ne dit rien. — Il dit beaucoup pour moi! Nous pourrions concerter ensemble les moyens de nous emparer de notre hermite, et l'autre
alors

alors vous serait rendu. — Que le ciel vous écoute, baron! puisse-t-il hâter l'arrivée de cet ange tutélaire! je lui devrais le retour de mon fils, jugez combien je dois soupirer après lui! — Il ne se fera pas attendre long-temps. C'est pour le voir plutôt que je me suis fixé dans cette auberge, où il doit descendre. — Ici même? — Ici même. Nous verrons, nous verrons... Ah çà, voulez-vous que j'aille visiter Inèsia? mais vous venez de me le défendre. Ma foi, que cette fille rebelle, volontaire, fasse tout ce qu'elle voudra ; je ne me mêle plus d'elle; elle m'a déjà donné trop d'embarras. — Prenez garde, baron, que vous la jugez, comme vous l'avez toujours fait, avec trop de sévérité. Elle aime, elle perd son époux, elle est désespérée; cela est pardonnable. Quant à son caractère, il est doux ; son cœur est excellent, son ame est pure. Ce n'est point du tout une jeune personne rebelle, entêtée, volontaire, impérieuse, telle que vous la dépeignez. Je la verrai ; mes larmes l'attendriront ; elle sentira qu'elle ne peut pas m'abandonner, me laisser seule livrée à tant de chagrins, et elle reviendra. Vous, baron, voyez M. l'archevêque, et demandez-lui si c'est bien volontairement qu'Inèsia a pris le parti de se mettre au couvent. Si c'est lui qui l'y a excitée, faites lui de doux reproches, et suppliez-le d'employer son autorité pour rendre une fille à une mère éplorée. Voilà le seul service que je vous demande en ce moment.

Le baron réfléchit et répond : Je sors de ce pas pour faire votre commission, aussi-bien ai-je d'autres éclaircissemens à demander à ce prêtre hypocrite et bigot.—Doucement ; parlez mieux de cet homme là ; il est généralement estimé. — Il ne l'est pas par moi, je vous l'assure. Un homme qui se mêle d'affaires qui ne le regardent pas, de brouiller des familles sur-tout ! Ah, c'est une horreur ! — Il est certain que j'ai lieu de m'en plaindre ; car il protège mon fils, Inésia, et c'est lui seul aujourd'hui qui me prive de ces deux êtres si chers ! Allez, baron ; faites pour le mieux ; je m'en rapporte à votre prudence.

Le baron se présenta chez monseigneur. On le fit attendre long-temps ; enfin il fut introduit dans le cabinet de l'archevêque, qui, le recevant de l'air le plus froid, lui dit : Que peut-il y avoir de commun entre vous et moi, monsieur ? Veuillez vous expliquer promptement et brièvement, car je suis pressé. — Monseigneur, l'honneur de voir un saint prélat tel que monseigneur....... — Abrégeons. — C'est la mère adoptive d'Inésia, la marquise d'Arloy qui.... — Ah, comment se porte-t-elle, cette chère dame ? Elle est malade, m'a-t-on dit ? — Elle va beaucoup mieux. — Je conçois cela ; elle a tant de chagrins ! Ah, si la source lui en était connue, elle pleurerait bien plus encore ! — Que dit monseigneur ? — Parlez, monsieur, je vous écoute. — Elle m'envoie donc demander à monseigneur si c'est bien volontairement qu'Inésia à pris le parti d'entrer au couvent, ce sont ses propres expressions. — Oh, c'est de son plein gré, monsieur, absolument de son plein gré. J'ai fait ce que j'ai pu pour l'en détourner ; mes remontrances, mes conseils, le tableau même des regrets qu'une pareille démarche pourrait lui coûter par la suite, j'ai tout employé, mais inutilement. Vous pouvez en assurer madame la marquise, lui dire que la douleur de la voir abandonnée par deux personnes qu'elle chérissait tendrement, avait même doublé mon éloquence; elle a été infructueuse. — Madame la marquise était bien persuadée qu'un digne prélat comme monseigneur n'avait pas pu détourner une jeune fille de ses devoirs envers ses parens ou ses bienfaiteurs. — Vous n'aviez peut-être pas de moi cette bonne opinion, vous, monsieur? — Pourquoi donc, monseigneur ? — C'est que la délicatesse est une chose difficile à concevoir, pour certaines ames. — Comment ? m'aurait-on noirci dans l'esprit de monseigneur

Ah, je le vois, c'est cet hermite de là-bas, ce prétendu Frère Fulgence, que monseigneur ne protégerait pas, s'il le connaissait comme moi. — Je le connais bien, parfaitement, monsieur, et je connais votre conduite à vous, aussi-bien que tous les replis de votre cœur faux et corrompu. — Monseigneur se permet !... — Je fais plus, je vous chasse de mon palais, et vous défends de jamais vous y représenter. — Monsieur l'archevêque ! — Sortez, méchant, et sachez que j'ai écrit aussi en Italie, que je suis en mesure pour croiser toutes vos indignes manœuvres. — Monseigneur a écrit ? — Dieu sait calmer la colère des hommes comme il appaise les tempêtes les plus violentes. Ceux qui auront excité ces tempêtes, ou qui en auront voulu tirer parti, seront punis alors comme ils le méritent.

— Mais, monseigneur.... — Retirez-vous, vous dis-je, et tremblez.

Le sage Ayrard sonne; des domestiques paraissent, et monseigneur passe dans une autre pièce. Le baron de Salavas est terrifié. Un homme puissant tel que ce respectable primat d'Aquitaine prend le parti de Gérald! il écrit en sa faveur! Gérald aurait une telle protection! Gérald l'emportera, il n'y a pas de doute. Le baron est effrayé; il est tout prêt à se retirer d'une affaire qui peut lui devenir des plus funestes; il a tout à craindre maintenant.... Cependant, s'il réussit, le baron est sûr d'une récompense qui est bien attrayante!.... En attendant Léonardo, qu'il consultera sur ce point, le baron pense qu'il tirera peut-être quelque parti du chanoine Sably, et il va le voir.

Le chanoine le reçoit à merveilles.

Ils causent ensemble, d'abord sur les plaisirs de la table, ensuite sur d'autres plaisirs plus mondains encore, dont la licence est interdite aux ecclésiastiques. La petite fille est mise sur le tapis, et le chanoine avoue qu'il se permet souvent de lui faire la cour. Ainsi Bacchus et Vénus sont les seules divinités qu'il chérisse au fond du cœur. Salavas voit que ce vil hypocrite est digne de l'entendre et de l'aider. Pour changer de propos, lui dit-il, j'ai un service à vous demander, M. le chanoine : ce coupable hermite Fulgence (vous savez, je vous en ai déjà parlé), ne pourrait-on pas le perdre sourdement dans l'esprit de l'archevêque qui, trompé par lui, le regarde comme un saint ? Il faudrait pour cela quelqu'un de bien adroit. — Ce n'est pas l'adresse qui me manquerait, si je voulais m'en mêler ;

mêler ; mais dans quelle intention, pour quel projet ? — Cet homme, je vous l'ai dit, a commis des crimes affreux. Les lois le poursuivent, et, pour leur échapper, il s'est mis sous l'égide du faible Ayrard. Si le prélat pouvait lui retirer sa protection, vous sentez bien que je ferais exécuter mon ordre, et que le coupable serait livré à la justice. — Il le faudrait pour la morale publique. — Pour la morale publique, comme vous dites fort bien. Oh, j'aime votre sévérité pour la morale, elle fait votre éloge. — Comment se nomme cet homme ?—Frère Fulgence. — Fort bien ; mais il a un autre nom ? — Contentez-vous de celui-là. Monseigneur le connaît ainsi. — Quel est son état ? — Il n'en eut jamais. — J'entends, c'est un vagabond. — Il prit le petit collet dans sa jeunesse ; mais il jeta bientôt, comme on dit, le froc aux orties.—Un mauvais sujet, allons; c'est un vaurien qui a tourné l'esprit de notre archevêque. Il est comme cela, notre prélat; il s'engoue pour un inconnu, et il ne fait rien pour ses chanoines. Croiriez-vous que je lui demande depuis long-temps une place meilleure à l'église, avec un prie-Dieu garni de velours, et qu'il ne veut pas me l'accorder? Le doyen des chanoines en a un, et nous autres nous ne pouvons pas en obtenir!... Je verrai, je penserai à ce que vous me dites là. Si je trouvais un moyen !... Il y a des circonstances dans la vie où un vice devient une vertu pour être utile à ses semblables. La calomnie, par exemple, est impayable, quand elle sert à faire rejeter de la société un être qui lui nuit. J'ai toujours vu que la calomnie seule pouvait nous venger de nos ennemis ; mais il faut qu'elle soit forte et ne puisse pas être révoquée en doute. Dans ce cas-ci , par exemple... J'y réfléchirai ; laissez-moi faire.

Salavas quitta ce méchant, bien digne de s'entendre avec lui , et lui promit de venir le revoir au plutôt.

De retour chez la marquise , il se garda bien de lui répéter mot à mot la conversation qu'il avait eue avec le prélat. Il l'assura , seulement de sa part, qu'Inésia s'était faite religieuse volontairement, et la marquise conçut de justes craintes de s'en voir pour jamais abandonnée. Elle se promit cependant d'aller voir sa fille adoptive aussitôt que ses forces le lui permettraient, et comme elle allait de mieux en mieux, elle remit cette course au surlendemain.

CHAPITRE IX.

L'horizon se rembrunit.

Nos deux hermites cependant, occupés toujours de leurs devoirs religieux, ne pensaient qu'à Dieu, vers lequel ils élevaient souvent leurs mains et leurs prières, lorsqu'un jour ils virent entrer leur bon ami Vernex, accompagné de son fils Georges et du jeune muet Bénédy. Gérald, dit Vernex à demi-voix, je viens vous avertir que vous courez les plus grands dangers. Léonardo est dans cette province. — Il est arrivé ? — Je l'ai vu. — Vu ? — Comment a-t-il su votre adresse ? — Ce méchant baron de Salavas, qui vous a rencontrés tous les deux chez moi, le matin de votre fuite, lui a écrit que je vous avais donné asile, et qu'avant tout, en venant en France, il devait se présenter à mon logis, pour m'interroger. Jugez de ma surprise, lorsque je l'ai vu entrer il y a trois jours!... Après m'avoir pressé, persécuté en vain pour que je lui dévoilasse votre demeure actuelle, il m'a menacé de tout le courroux de son oncle; il m'a juré qu'il irait jusqu'au roi pour vous faire arrêter et reconduire chargé de fers en Italie, où vous attend, a-t-il ajouté, le plus honteux supplice. Il m'a quitté enfin; et, quoique j'ignore ce qu'il est devenu, je viens vous avertir de vous tenir plus que jamais sur vos gardes.

Gérald parut un moment interdit. Il répondit cependant avec fermeté: Ignorez-vous, Vernex, que le roi respecte plus que personne les lois canoniques qui me protégent et me défendent ici?—Le roi peut céder... Vous devinez pour quel motif?— Compromettrait-il ainsi les droits et l'autorité d'un primat d'Aquitaine? Cela ne se serait jamais vu.—Cela pourrait se voir. Des raisons politiques, peut-être... Vous m'entendez?

Gérald réfléchit encore.

Vernex continue. Ce Léonardo est bien astucieux, bien intrigant. S'il vous découvrait ici?—Cela me paraît difficile. Il ne me reconnaîtrait pas sous ce costume, d'abord; et quand je ne le porterais pas, mes traits lui sont absolument étrangers. Il n'avait que dix ans lors du terrible événement... — Je sais ; mais Salavas vous a découvert ici; il peut l'en avertir, car ils se verront; soyez sûr que ces méchans se verront.—Vous m'éclairez, Vernex. Oui, Salavas me trahira... Mais, mon ami, attendons, espérons, voyons encore. Tenez, il me vient une idée. Je vais trouver M. l'archevêque d'Auch, qui a reçu mes confidences. Je lui apprendrai cela, et lui demanderai conseil, en cas qu'il ne soit pas assez puissant pour résister aux ordres du roi, si le roi en donnait contre moi.—Vous avez raison ; mais notez donc qu'il y a trois jours que j'ai vu Léonardo, qui, m'a-t-il dit, allait à Auch même, où il voulait rester quelque temps. S'il vous rencontre seul dans cette ville, il est capable de faire exécuter son ordre, avant que vous ayez pu réclamer la protection de votre digne prélat.... Croyez-moi, Gérald, ne sortez point : écrivez à monseigneur ; précisez-lui les faits, et priez-le de vous répondre par écrit aussi ; vous vous promettrez de brûler réciproquement vos lettres, et mon fils Georges portera la vôtre avec la plus grande discrétion. — Je voulais le voir pourtant moi-même. Je désirais qu'il fît venir chez lui cette jeune Inèsia, à laquelle j'avais, en sa présence, beaucoup de choses à dire. Vous ignorez que cette infortunée Inèsia s'est faite religieuse?

Fidély, qui prêtait toute son attention aux discours des deux amis, s'écria soudain : Que dites-vous, mon père? Inèsia s'est jetée dans un cloître, et vous m'avez caché cet événement! — Je ne l'ai su que d'hier soir, mon ami ; je ne voulais pas te faire passer une mauvaise nuit. — Ainsi donc, Inèsia, nous voilà séparés plus que jamais! Ah! mon père, êtes-vous content! voilà-t-il assez de sacrifices?

Il verse des larmes amères. Gérald, pénétré de tendresse et d'affliction, lui prend la main et lui dit : Cesse de t'affliger, mon fils ; je te la rendrai, ton Inèsia ; c'est-à-dire que je la rendrai au monde, à sa mère adoptive ; je m'en flatte, et je n'ai qu'un mot à lui dire pour lui faire abjurer son projet de retraite. C'était pour le lui dire, ce mot, que je désirais lui parler chez le sage Ayrard lui-même. Elle l'entendra ici, et tu seras témoin de notre conversation. Cesse donc de gémir : Inèsia ne prendra point le voile, je te le promets. Laisse-moi finir l'affaire qui nous occupe. Notre fidèle Vernex me donne des conseils, permets-moi de voir dans ma pensée si je dois les suivre.

Fidély soupirait, levait les yeux au ciel ; Gérald l'embrassa, le serra contre son cœur, et ces effusions paternelles calmèrent un moment sa douleur.

Gérald, se retournant ensuite vers

son fidèle Vernex, ajouta : Vous voyez, mon ami, qu'il est absolument nécessaire que j'aille à Auch, pour consulter Ayrard et parler à Inèsia..... Cependant ce Léonardo est là sans doute, avec son baron... ils peuvent me rencontrer, me voir, je le sens, et, peut-être, malgré le sauf-conduit de l'archevêque... — Oh, répond Vernex, ils n'ont rien de sacré. Ils vous feraient traîner en prison, j'en suis sûr. — Cependant, ici, s'ils y viennent, n'est-ce pas la même chose; n'ai-je pas le même danger à redouter. — Ici, c'est bien différent! vous êtes entouré d'une foule de villageois qui vous chérissent ; ils vous défendraient; plusieurs d'entre eux courraient chercher les gardes de monseigneur, et l'on ne vous arracherait pas facilement de votre asile, saint et respectable aux yeux de tout le monde.... Au lieu que, dans une grande ville, où vous n'êtes nullement connu, personne ne prendrait votre défense. Je sens bien que si vous étiez arrêté, l'archevêque viendrait à votre secours ; mais qui sait si vos jours ne seraient pas en danger du moment où l'on vous aurait ravi votre liberté ? Il faut parer ce coup violent. Ecrivez, je vous le conseille, écrivez.

Gérald écrit, une lettre d'abord pour son protecteur, puis un billet qu'il intercale dans cette lettre, et dont on saura bientôt la destination. Georges prend ce paquet et part pour le palais primatial. Il est leste, dit Vernex, mon cher Georges ; il sera bientôt de retour. J'ai pensé que, comme il serait imprudent que l'un de vous deux sortît maintenant dans les champs, ou pour aller à la ville, il vous serait utile, pour vos courses, pour vos commissions, d'avoir près de vous Georges et Bénédy. Ces deux enfans vous sont dévoués. Georges fera les affaires qui exigent des réponses, et votre jeune muet sera pour les démarches secrètes qui demandent de la discrétion. Tous deux passeront les nuits dans ce petit village, ici à côté, chez une bonne paysanne qui m'a des obligations, que j'ai même prévenue à cet effet, et le matin, ils viendront prendre vos ordres. Je leur ai fait faire deux soutanes violettes à la manière des enfans de chœur, qu'ils mettront le jour, et seulement ici, pour tromper les curieux et éviter les questions. Ils seront sensés être des enfans attachés au service des deux hermites, et, s'il y a quelque nouvelle, quelque avis à me donner,

Georges prend vite un cheval et vient me trouver... Mais, de toutes les manières, Gérald, vous n'êtes plus en sûreté ici, non, vous n'y êtes plus en sûreté. Si Léonardo vous y découvre une fois, je tremble pour vous. — Pourquoi trembler ? attendons la réponse du sage Ayrard ; elle guidera notre conduite. S'il me conseille de rester, je resterai. Il serait même bien plus doux pour moi de voir mes ennemis, de les narguer, de jouir de leur impuissance à me nuire. Pendant ce temps, il peut survenir de grands changemens qui m'en fassent triompher.—Je ne l'espère pas. A en croire Léonardo, on est plus que jamais irrité contre vous. On veut vous perdre, et vous savez que si on le veut, on le peut ! — Léonardo exagère. Ayrard a écrit, on verra d'après la réponse qu'il recevra..... Elle tarde bien, il est vrai ! — Elle ne sera pas favorable. — Alors, je n'aurai donc plus de recours que la mort. O mon fils, ne t'afflige pas ! Ton père ne mourra point sans t'avoir mis de moitié dans le secret de ses infortunes. Il est possible, à cette époque là, que tu le consoles, que tu l'encourages, que tu lui fasses encore supporter la vie, pour toi, pour t'aimer, pour toujours te chérir.

Fidély répond : Vous le voyez, mon père, je les respecte ces secrets ; mais je serais bien moins tourmenté, si vous en causiez tous deux secrètement. Ces discours, tenus devant moi, m'inquiètent, m'affligent, piquent ma curiosité. Puisque vous ne voulez pas la satisfaire, en grace, ne me mettez plus en tiers dans des conversations aussi insignifiantes, aussi obscures pour moi. — Tu as raison, Fidély ;

c'est une imprudence de Vernex. Cela ne recommencera plus.

Ces trois amis causèrent de cette manière jusqu'au retour de Georges qui assura que monseigneur, après avoir lu la lettre de Gérald, l'avait anéantie pour qu'il n'en existât plus la moindre trace. Georges apportait une réponse écrite en toutes lettres de la main du digne prélat.

Gérald la lut tout bas, la donna ensuite à Vernex pour qu'il la lût de même; et, la reprenant, il dit à Fidély : Je puis, mon cher fils, t'en donner quelques détails, puisqu'ils ne tendent qu'à nous rassurer sur nos vaines terreurs. Monseigneur sait que Léonardo doit venir incessamment à Auch : il n'y est pas encore arrivé. Monseigneur approuve notre prudence. Il m'engage à ne pas paroître dans cette ville, jusqu'à ce qu'il ait vu lui-même ce Léonardo, à qui il veut parler fermement. Après qu'il aura eu cette entrevue avec Léonardo, monseigneur m'assure que je puis rester dans cet hermitage, en sortir pour mes affaires, y rentrer, en toute sécurité. *Aucune puissance*, ajoute-t-il, *ne pourra attenter à votre liberté ; je vous en donne ma parole d'honneur !* On peut se fier, je crois, sur la parole d'honneur d'un homme tel que ce respectable prélat. Il faut qu'il soit bien sûr du poids de sa protection !.... Quant à Inèsia, il aura la bonté de nous l'amener lui-même demain matin, ainsi que la marquise d'Arloy. Il a senti la force de mes raisons, et monseigneur ne doute pas que lui et moi, nous ne parvenions à faire changer les résolutions de cette intéressante personne.

personne. Es-tu content, Fidély ? Tu vas recevoir ton amie, ta mère adoptive, et monseigneur se charge avec ton père de faire rentrer Inèsia au château d'Arloy. C'est déjà un adoucissement à tes peines, n'est-il pas vrai ?

Fidély, quoiqu'il ne pût pas deviner les moyens que son père voulait prendre, ne l'en remercia pas moins de cette médiation.

Gérald ajouta, en se retournant du côté de Vernex : Eh bien, ai-je tort de vouloir rester ici, et ne suis-je pas certain d'y braver, avec plus de sécurité que par-tout ailleurs, les attaques de mes ennemis !

Vernex secoua la tête en signe de doute. Il répondit : Mon attachement pour vous, Gérald, me fait toujours redouter des dangers. Quelque sûr qu'on soit de sa conscience et de ses

protecteurs, il est dangereux d'être trop près des méchans. Ceux-ci, mon digne ami, sont d'une scélératesse...
— Je le sais trop. Au surplus, je verrai, j'agirai, suivant les circonstances.... Mais j'oublie que mon fils est là, que je lui ai promis de ne plus avoir avec vous, devant lui, de ces conversations obscures pour lui. Laissons donc cela, Vernex. Je vous remercie de votre zèle, qui peut trouver sa récompense en temps et lieu... Ne me faites pas des gestes que je comprends fort bien ? Je sais que la plus douce récompense pour votre cœur est de me servir, de me consoler, de concourir avec moi à mettre un terme à mes maux. Hélas ! de quelque manière qu'ils finissent, ils m'auront toujours fait perdre ma chère Paola, la mère, mon Fidély ! Ah ! si l'on me rend justice à la fin, puis-

je être jamais complètement heureux, privé de celle qui faisait seule le charme de ma vie !

Gérald essuya quelques larmes qui tombèrent de ses yeux ; puis il reprit sa fermeté, embrassa son fils, ainsi que le fidèle Vernex, qui se retira, non pour retourner chez lui, mais pour habiter le village voisin jusqu'au temps où il verrait son ami hors de tout danger. Quand il fut parti, Georges et le jeune muet se vêtirent des robes d'enfans de chœur qu'on leur avoit laissées, et tous quatre se mirent à faire des lectures pieuses jusqu'au moment de se livrer au sommeil, heure à laquelle les enfans quittèrent les deux hermites, pour aller passer la nuit auprès de Vernex, réfugié, comme eux, chez une vieille paysanne qui lui étoit affidée.

CHAPITRE X,

Qui prépare de nouveaux incidens.

La marquise d'Arloy avait vu s'écouler deux nuits depuis la séparation d'Inèsia, ses forces étaient un peu revenues; un matin, de bonne heure, elle se fit conduire, dans sa voiture, à la communauté des Dames Hospitalières, où elle demanda la Sœur Sainte-Rose. Inèsia avait déjà pris l'habit de novice, et elle était, sous la guimpe, d'une beauté à enchanter tous les regards, à toucher tous les cœurs. Elle lisait.... elle se leva et courut embrasser sa mère adoptive, en versant des larmes. Eh bien, ma fille, lui dit la marquise, il est donc décidé que le sort me prive de tous mes enfans. Mon fils, mon Inèsia, me laissent seule à ma douleur ! Que vous ai-je fait, ingrats, que vous ai-je fait pour que vous m'abandonniez aussi cruellement ? — Ma mère, je sens combien j'aggrave votre peine ; vos larmes se confondent avec les miennes sur mon cœur sensible et reconnaissant. Mais devais-je laisser auprès de vous un être toujours souffrant, toujours gémissant, et n'avez-vous pas vous-même assez besoin de consolations, sans vous voir forcée d'en prodiguer aux autres ! Mon époux, que dis-je ! il ne le sera jamais. —Qui vous l'a dit ? — M. l'archevêque me l'a assuré. — D'où le sait-il ? comment ? dès que Fidély, qui t'adore toujours, aura parlé, fait connaître ses malheurs auxquels on mettra soudain un terme, aussitôt, dis-je, qu'il sera rentré dans le monde, auprès de nous, je ne vois pas ce qui pourrait empêcher encore votre union. Vous vous aimez tous deux, et j'y consens, moi. Quel autre obstacle pourrait s'y opposer!—Madame, monseigneur affirme que, dans quelque état où Fidély se trouve par la suite, qu'il soit heureux ou malheureux, il lui est impossible d'accepter ma main.

La marquise réfléchit et répond : M. l'archevêque est donc bien instruit... Je ne puis croire.... Ah çà, qui suis-je donc, moi, pour qu'on me regarde comme nulle dans toutes ces affaires? mon autorité est méconnue, et l'on ne se donne pas même la peine de m'en dire les motifs. Monsieur de Clermont - Lodéve peut-il décider mieux que moi des destinées de mon fils? M'a-t-il consultée pour savoir si je m'opposerais ou consentirais à son hymen avec vous? S'il en sait plus que moi, pourquoi ne m'éclaire-t-il pas? non; on se passe de moi, on agit sans moi, et l'on ne daigne pas m'admettre dans le conseil qui se tient sur ce qui concerne les intérêts de mon fils. Qui m'empêche de briser ces liens dont me chargent des étrangers? pourquoi n'emploierais-je pas à mon tour l'autorité des lois pour percer un mystère qu'on n'a pas le droit de me cacher? M. l'archevêque est puissant; mais son pouvoir a ses bornes; s'il en abusait, il faudrait bien qu'une puissance plus forte que la sienne le réprimât. Je ne me laisserai pas mener toujours comme un enfant, comme Fidély par exemple, qui fait apparemment tout ce qu'on lui dit. Je verrai, je consulterai des hommes supérieurs à cet archevêque, et les cris d'une mère iront se faire entendre, s'il le faut, jusqu'au pied du trône. Le monarque aura peut-être le droit de demander à l'archevêque, à cet autre faux hermite, pourquoi ils me retiennent mon fils. Ce Fulgence, qui n'est qu'un criminel caché sous un habit respectable pour éviter la punition de ses crimes, ce Fulgence alors deviendra ce qu'il pourra; mais, quand Fidély serait devenu fou à lier par les sottes momeries de cet homme, on me le rendra sans doute; je suis sa mère, j'ai le droit d'en disposer.... Quant à vous, Inèsia! c'est différent.... Vous êtes la maîtresse de vos actions..... je n'ai aucuns droits sur vous, puisque ceux de l'amitié n'ont pas été assez forts. Vous les avez rompus; vous formez d'autres nœuds; puissent-ils faire votre bonheur; c'est tout ce que je puis vous dire.

La

La marquise a dit ces derniers mots d'une voix étouffée par les sanglots. Elle pleure.... Inèsia, touchée, lui répond : Madame! ma bonne mère, que voulez-vous que je fasse!... Eh! bien, si vous l'exigez, je rentrerai avec vous, je ne vous quitterai plus, je voulais imiter mon époux, en me vouant, comme lui, au culte des autels. J'y ajoutais un devoir non moins saint, celui de soigner les malades, de soulager les infortunés. Je croyais servir ainsi la cause de Dieu et de l'humanité.... ma mère m'arrache à ces devoirs sacrés; elle me rappelle, elle ordonne! j'obéis!.... De quelque manière qu'on juge le peu de stabilité de mes résolutions, je quitterai aujourd'hui, si vous l'exigez, cette maison où je suis entrée avant hier, et je ne vous abandonnerai plus, ainsi que je viens déjà de vous le promettre. — Mon Inèsia ! regarde-tu donc cela comme un sacrifice ! eh ! moi seule je suis sacrifiée dans le parti que tu as pris. Je pensais être bien plus aimée de toi ; je te croyais trop attachée à moi pour me quitter ainsi, de ton propre mouvement, au risque de m'en voir mourir de douleur. Quoi ! tu me sais abandonnée de mon fils, tu me plains, tu en gémis, et tu fais à ton tour comme lui. Tu me laisses seule, dans une ville inconnue, dans une auberge encore ! seule, avec Micheline il est vrai ; mais son peu d'éducation, sa simplicité ne peuvent m'offrir une compagne digne de moi. Tu l'étais, Inésia !.... Mais on ouvre ? qui peut venir ? C'est monsieur l'archevêque lui-même.

Le sage Ayrard entra en effet dans la cellule où la marquise et son Inèsia confondaient leurs larmes. Ayrard feignit de ne pas s'en apercevoir. Il dit à la marquise : Je viens de chez vous. On m'a dit que vous étiez ici, et il est entré dans mes projets de m'y rendre aussi. J'ai ma voiture là-bas et j'ose vous prier, toutes deux, de m'accompagner à l'instant à l'hermitage Saint-Fulgence.—Qu'y a-t-il de nouveau, demande la marquise? —Ciel, s'écrie Inèsia, serait-il arrivé quelque malheur à Fidély?

L'archevêque répond : Lisez ce peu de mots que m'a écrit l'estimable Frère Fulgence, son compagnon.

Il remet à la marquise un billet qu'elle lit à haute voix : « *Monseigneur, j'apprends qu'Inèsia s'est jetée dans un cloître. Si je n'étais pas gravement indisposé, j'aurais volé à son nouvel asile, pour lui parler; car j'ai des choses très-*

importantes à lui communiquer. Veuillez, monseigneur, veuillez avoir l'extrême bonté de me l'amener ici? C'est en votre présence que je veux la détourner d'un projet qui lui coûterait à jamais la paix et le bonheur. »

La marquise ajoute : Quelles sont donc ces choses si importantes qu'il doit lui apprendre ?—Je m'en doute, répond Inèsia ; il le dit lui-même ; c'est pour me détourner de mon projet. Mais, quand l'éloquence, touchante et presque toujours persuasive de monseigneur, a échoué contre ma résolution, celle de cet homme, que je ne connais que sous des rapports fort peu estimables, ne me convaincrait pas davantage. Je lui dois tout mon malheur. C'est lui qui, sous le rôle d'aveugle, m'a enlevé mon Fidély ; c'est encore lui qui, hermite maintenant, a fait prononcer à Fidély des vœux éternels, pareils aux siens! Pourquoi? quel est son but? où est donc son autorité sur ce jeune homme qui ne dépend que de sa mère? Cet homme m'est odieux; je ne le verrai point. — Vous le verrez, mon enfant, répond le sage Ayrard, et vous n'aurez lieu que de vous en louer. — Qui me forcera à le voir. — A coup sûr on n'usera pas de violence envers vous; mais je vous en prierai, moi, belle Inèsia, et, s'il le faut, j'irai jusqu'à vous l'ordonner. — Ordonner, monsieur! — Mon enfant! de deux choses l'une, où vous êtes encore dans le monde, où vous appartenez à cette sainte maison, sur laquelle j'ai tous les droits. Êtes-vous mademoiselle d'Oxfeld, ou la Sœur Sainte-Rose, répondez?—Monsieur, je suis... Je l'étais la Sœur Ste-Rose;

mais ma mère vient de me faire sentir combien j'etais coupable en l'abandonnant.... Monseigneur m'accusera de légèreté, d'irrésolution, si je reste avec madame pour lui servir toute ma vie de soutien, de fille tendre et de zélée consolatrice. — Sœur Sainte-Rose, je vous ai fait faire toutes ces réflexions, avant de vous permettre de venir ici; j'ai combattu de toutes mes forces votre prétendue vocation, vous le savez! Je pourrais user maintenant de mon autorité pour vous faire rester dans cet asile, du moins pendant un laps de temps qui puisse prouver que vous n'avez pas suivi un caprice insensé.... mais ma religion est aussi douce que tolérante. Je vous avais détournée de prendre un pareil parti, je vous en détourne encore, et, en me réjouissant de vous voir revenir aux sentimens de la nature, de la reconnaissance, je vous permets de quitter cette maison où vous n'auriez jamais dû entrer... Cependant, avant de vous rendre à cette vertueuse dame, j'exige que vous veniez, avec elle et moi, à l'hermitage. Il le faut; j'ai des raisons; Frère Fulgence en a aussi de très-fortes, et nous espérons tous deux vous éloigner plus que jamais du cloître où vous alliez perdre toute espérance de félicité. Venez, mon enfant? — Sous cet habit? — Avec moi! n'est-ce pas l'habit qui vous convient?

La marquise ajouta : Allons, viens, ma chère Inèsia, nous verrons encore une fois notre Fidély. — Il faut vous obéir, ma mère; je dois céder aux sollicitations de monseigneur! emmenez-moi, disposez de moi; vous me voyez soumise à vos moindres ordres.

La supérieure entra pour saluer monseigneur. Le sage Ayrard lui dit quelques mots à l'oreille ; puis il offrit la main aux deux dames pour les conduire jusqu'à sa voiture.

Tous trois y montèrent et partirent pour l'hermitage.

CHAPITRE XI.

Eclaircissemens et projets inutiles.

« Approchez, fidèles ; voici l'heure de la prière à l'hermitage Saint-Fulgence ? »

Dix heures sonnent au moment où le Frère Angély fait cette invitation aux passans, tandis que le jeune Bénédy sonne la cloche à coups redoublés. Fidély lui a laissé cette besogne; Fidély se contente de prononcer, sur le pas de la porte, et deux fois par jour, ces paroles : *approchez, fidèles,* etc. qui fixent en effet l'attention des voyageurs. Fidély voit s'avancer une voiture brillante et reconnaît bientôt, dans le fond, le prélat avec madame d'Arloy ; sur le devant, son Inèsia revêtue de ses habits de novice. Il s'écrie : Mon père, comment donc avez-vous le pouvoir de faire agir monseigneur suivant votre volonté ? le voilà qui nous amène ces dames. — Ne te l'ai-je pas dit, mon fils, qu'Inèsia viendrait ; mais je suis fâchée que la marquise l'accompagne. J'ai oublié de recommander à monseigneur de ne pas l'amener ; elle nous gênera. —En quoi ? — Je m'entends. — Votre but est toujours de détourner Inèsia ?...—Sans doute, et tu vas voir que j'en viendrai à bout. — Quel homme étonnant vous êtes, mon père ! — Tu n'es pas au bout de tes surprises.

L'archevêque et les dames descendirent de voiture ; mais, comme la foule des fidèles commençait à s'accroître autour de l'hermitage, excitée sur-tout par la curiosité de voir son éminence, l'archevêque et les dames entrèrent dans le petit oratoire, et les fidèles restèrent à la porte en dehors.

Un voyageur, jeune, bien fait et qui paraissait avoir trente ans au plus, était descendu de cheval, attiré comme tout le monde par le désir de voir ce qui se passait dans cette espèce de chapelle. La beauté d'Inèsia, qu'il remarque de loin, le frappe; il fend la presse; il fait tant qu'il parvient à se placer debout à l'angle même de la porte, d'où il n'est plus qu'à dix pieds du groupe qui fixe son attention dans l'intérieur. Les deux hermites, l'évêque et les dames sont en prières. Fidély en lit même plusieurs tout haut, et chacun se signe avec respect à la fin de chaque oraison.

Le voyageur ne fait attention qu'à Inèsia dont les charmes le séduisent.

On voit même qu'il tire de sa poche une boîte, renfermant un portrait qu'il examine, en levant de temps en temps les yeux sur la jeune novice, comme s'il comparait ses traits avec ceux du portrait.

Inèsia, qui ne le connaît point, remarque l'extrême attention avec laquelle il la considère; elle en rougit et détourne sa figure d'un autre côté; mais Fidély suit tous les mouvemens de l'étranger, et la jalousie entre dans son cœur.

Quand la prière du matin est finie, l'archevêque donne sa bénédiction à la foule assemblée, et la congédie. Chacun se retire, excepté le voyageur qui s'obstine à rester à la porte, seul et toujours en comtemplation devant Inèsia. Fidély lui dit avec humeur: Monsieur, il ne doit plus rester personne ici; on va fermer la porte.

— Fermez, mon Frère, répond l'étranger d'un air ironique; mais vous me permettrez de vous regarder comme bien heureux de connaître cette belle religieuse, qui, sans doute, n'est autre qu'Inèsia d'Oxfeld. — Qu'Inèsia?... qui vous a dit?... Qui êtes-vous ? — Oh , je ne suis pas ici pour décliner mon nom... Qu'elle est belle! je ne m'en doutais pas! — Permettez, monsieur, que je ferme cette porte. M. l'archevêque l'ordonne.

L'étranger n'insiste pas; il se retire, mais en examinant d'un air de curiosité inquiète Fidély qui, pour un hermite, lui paraît bien jeune, d'une figure et d'une tournure qui ressemblent plus à un amoureux qu'à un saint cénobite.

La porte de l'hermitage est fermée; ainsi nos amis sont seuls et libres de se parler. L'archevêque prend, le premier, la parole en ces termes : Frère Fulgence, voilà la Sœur Sainte-Rose que je vous ai amenée suivant vos vœux. Je dois vous prévenir qu'elle est à moitié persuadée de la faute qu'elle faisait. Madame la marquise l'a vue, ce matin ; Inésia a senti qu'elle se rendrait coupable d'insensibilité, d'ingratitude, si elle laissait cette chère dame seule à ses regrets. Qu'avez-vous à lui dire maintenant pour achever notre ouvrage ?

Gérald prit la main d'Inésia et lui dit d'un ton aussi touchant qu'affectueux : Jeune et vertueuse demoiselle, vous ne me connaissez pas ? ou du moins, si vous me jugiez d'après la manière dont ce méchant baron de Salavas m'a dépeint, l'autre jour, à vous ainsi qu'à madame la marquise, vous auriez de moi, mesdames, la plus mauvaise opinion; j'ose me flatter d'en mériter une toute contraire. Si je fus coupable autrefois, oh, bien coupable, j'ai expié, j'expie encore mes fautes par la plus dure pénitence, et monseigneur que voilà a daigné m'en donner l'absolution. J'ose me flatter de posséder, en ce moment, toute l'estime de monseigneur, et cela vous suffira peut-être pour que vous daigniez, à votre tour, m'accorder la vôtre. Demandez à ce sage prélat, il me connaît entièrement; il sait tous mes malheurs; il a même la bonté de faire tout ce qui est en lui pour y mettre un terme; il m'accorde sa puissante protection ! A présent, mesdames, croirez-vous aux calomnies d'un être vil tel que ce Salavas? Un seul mot vous prouvera sa scélératesse: Inèsia est sa fille.

Surprise générale. La marquise s'écrie : Sa fille ! — Oui, poursuit Gérald, madame d'Oxfeld, mère d'Inèsia, dut le jour au baron de Salavas. — Au baron de Salavas ! il ne nous a jamais rien dit de cela. ! Vous en a-t-il parlé, Inèsia ? — Pas plus qu'à vous, et j'en suis dans un étonnement !...

Gérald reprend : Vous allez être encore bien plus étonnées, mesdames, quand vous saurez que madame d'Oxfeld, fille de Salavas, eut pour mère la belle Sygemonde, devenue depuis comtesse de Figuière. — Oh ! ciel, répliqua la marquise, quoi, la tante de mon mari ? cette comtesse si fière ! Comment donc et à quelle époque fut-elle l'épouse du baron ?

Gérald raconte soudain aux dames toute l'histoire de la belle Sygemonde, en adoucissant néanmoins quelques
détails

détails peu décens devant le saint prélat et la jeune personne. Quand il a fini son récit, la marquise dit : O mon Dieu ! quel coup du sort !... Mais pourquoi n'a-t-il jamais révélé cette singulière histoire ? — Le pouvait-il ? c'était révéler ses crimes. — Oh ! les crimes les plus affreux. Il aurait pu cependant s'avouer pour père de madame d'Oxfeld, sans relater les circonstances de sa naissance ? — La comtesse de Figuière l'avait menacé de la plus terrible vengeance s'il osait jamais se vanter d'avoir eu d'elle un enfant. Le baron, timide alors, sans appui, et redoutant la vengeance d'une femme irritée, lui donna le change en lui faisant accroire que sa fille était morte. Depuis, il voyagea en Italie, où il resta long-temps. De retour en France, il trouva cette fille, qu'il avait fait élever sous un nom supposé, et presque par charité; il la trouva, dis-je, trop grande, trop formée, trop raisonnable enfin, pour qu'il osât lui confier un pareil secret, qui l'aurait deshonoré aux yeux de cette jeune personne. Le chevalier d'Oxfeld la vit presqu'aussitôt, en devint éperduement amoureux, et la demanda sans dot. Salavas se hâta de la lui donner, sans lui dire qu'elle était sa fille, ce qui l'eût forcé à desserrer les cordons de sa bourse. Salavas d'ailleurs n'entendait rien aux doux sentimens de la nature; il aurait été fort embarrassé s'il eût été forcé d'en montrer. Il éleva sa fille comme une orpheline indigente; il la maria de même. Monsieur et madame d'Oxfeld moururent, laissant de grands biens à leur fille; Salavas, par insouciance et par habitude, n'éclaira point cette jeune personne, et, ne passant que pour son tuteur, il lui vola, sous ce titre, les trois quarts de sa fortune, ce qu'il n'eût pu, ni dû faire comme père. Son but était manqué; il ne voulait qu'épouser la riche et belle héritière du comte Sygemond; n'ayant pas pu obtenir sa main, il lui importait peu d'en avoir une fille, qui le gênait au contraire, et dont il aurait fait, je crois, une servante d'auberge, si elle n'eût pas eu le bonheur de plaire au riche et désintéressé chevalier d'Oxfeld. Ainsi, mesdames, jugez maintenant ce Salavas ? jugez s'il n'a pas été capable de tout pour se joindre à mes ennemis et pour me tourmenter !... Mais j'oublie que je ne dois plus me permettre la moindre réflexion sur son compte, puisque je viens d'apprendre à mademoiselle qu'il fut le père de l'auteur de ses jours !

On raisonna sur cette singulière découverte, que le digne prélat ignorait ainsi que les dames. La marquise, au comble de l'étonnement, éleva quelques doutes. Comment, dit-elle, monsieur a-t-il pu savoir toutes ces circonstances, d'autant que cet événement a dû se passer bien en secret? — Madame, j'en ai des preuves, répondit Gérald; c'est assez vous en dire. — Des preuves que madame d'Oxfeld était fille du baron et de la belle Sygemonde? — Des preuves de cela et de l'assassinat du comte Sygemond ordonné aux voleurs par le baron lui-même. — Quelle horreur! Conçoit-on un pareil monstre! — Un jour viendra où je ferai valoir ces preuves, et restituer par ce misérable, à sa petite-fille Inèsia, tout le bien qu'il lui a dérobé. — Comment ferez-vous? — C'est mon secret; il n'est pas encore temps de le dévoiler.

— Qui êtes-vous donc, vous, monsieur, qui paraissez unir à vos mystères les secrets de tout le monde?— — Madame.... je ne suis qu'un malheureux.... Monseigneur le sait et a seul le droit de le savoir ; ce mot doit vous faire entendre que vos questions... — Sont indiscrettes, n'est-ce pas?... Mais quelle étonnante histoire! La savais-tu, toi, Fidély ? — Mad... ma mère, le Frère Fulgence me l'avait racontée. Vous ignorez encore que M. le marquis d'Arloy, votre époux, eut pour sa part aussi beaucoup à se plaindre du baron de Salavas?—Dans quelle occasion ? Il ne s'en est jamais plaint devant moi. — Vous vous rappélez qu'ils se connaissaient tous deux lorsque vous épousâtes mon.... mon père ?

La marquise réfléchit et répond : Ah, oui, oui, je me souviens qu'ils étaient amis. — Amis, madame! Un ami joue-t-il un pareil tour à son ami? — Quel tour? Voyons, parle donc? — Avant votre mariage avec M. le marquis d'Arloy, le marquis et le baron de Salavas servaient ensemble dans les guerres d'Italie. Officiers tous deux dans le même régiment, ils se voyaient sans cesse, et la feinte douceur du baron lui avait attaché le cœur du marquis. Ils étaient campés une nuit ; chacun, se reposant des fatigues de la veille, dormait tranquillement. Tout à coup le marquis est réveillé en sursaut par le baron ; le jour commençait à paraître alors. Le baron, pâle, agité, lui dit à demi-voix : Il faut que tu me rendes un grand service. — Lequel? — Il faut que tu me prêtes tes habits et que tu prennes les miens, pour une heure seulement. — Dans quel dessein?

Qu'as-tu fait ? — Rien, rien ; il me faut, te dis-je, ton uniforme.—Mais encore....

» Le baron, sans répondre, prend les habits du marquis, laisse les siens à leur place et se sauve à toutes jambes, en n'ajoutant que ces mots : Si tu fais le moindre bruit avant une heure d'ici, tu me perds.

» Le marquis, couché, à peine réveillé, est néanmoins effrayé de ce qui lui arrive. Il se lève précipitamment, et ne trouvant plus ses vêtemens, il revêt à la hâte ceux de son ami ; mais que devient-il en remarquant que l'épée, qu'il lui a laissée au lieu de la sienne, est teinte de sang ! Le malheureux ! s'écrie-t-il ; il aura commis un crime qu'il veut m'imputer !

» Il ne fut pas long-temps à ignorer la nature de ce crime. Le général en chef, qui, seul et sans armes, avait fait une ronde nocturne dans le camp, venait d'y être assassiné. Un inconnu lui avait plongé son épée dans le dos par derrière, et l'on n'avait pu arrêter le coupable. Les officiers, qui chérissaient leur chef, courent partout en poussant des cris, des gémissemens ; on entre chez le marquis, et il est arrêté comme porteur de l'épée ensanglantée.

» Le général heureusement n'était pas mort ; la blessure même n'était pas dangereuse ; il avait eu le temps de se retourner, de saisir la main du coupable ; mais la perte de son sang l'ayant obligé de lâcher cette main criminelle, il n'avait pu qu'examiner à la hâte et au déclin de la nuit l'ensemble des traits et de la stature de l'assassin. Dès que le marquis connut le crime et se vit arrêté, la scéléra-

tesse

tesse du baron lui fit horreur ; mais il se promit de ne le dénoncer qu'à la dernière extrémité.

» On le traîna dans la tente du général, dont on pansait la blessure. Voilà le coupable ! s'écria-t-on ; son uniforme, son épée sont trempés encore du sang de notre général bien aimé !

» Le marquis se jette aux genoux du blessé, proteste de son innocence, jure qu'il est trop attaché à son chef, à l'honneur, pour avoir commis un crime si atroce. Le général l'examine et dit : En effet, ce n'est pas monsieur ; je suis bien sûr que ce n'est pas monsieur. Mon assassin était blond de cheveux : monsieur est brun ; sa figure, sa taille... non, non, ce n'est pas monsieur. Le coupable avait, il est vrai, un uniforme pareil à celui-là ; je n'ai pu remarquer s'il portait ou non des épaulettes. Je ne crois pas qu'il en avait ; mais encore une fois et dix mille fois, ce n'est pas M. le marquis d'Arloy, dont la valeur, les sentimens et l'honneur me sont connus. Laissez-moi seul avec lui, messieurs ; il me dira sans doute comment cette épée et cet uniforme ensanglantés sont tombés entre ses mains.

» Resté seul avec le marquis, le général l'interroge avec douceur. Le marquis lui dit bien qu'un militaire est entré chez lui, a pris ses vêtemens pendant son sommeil et a laissé les siens à leur place ; mais il assure n'avoir pas reconnu ce militaire et ne point savoir son nom. Marquis, lui répond le général, en soupirant, il me serait bien douloureux de croire que vous fussiez complice d'un attentat contre ma personne. Vous me forcez cependant à le soupçonner ; car vous connaissez le coupable aussi-bien que moi. — Quoi, monseigneur, vous savez.... — Je sais que c'est le méprisable baron de Salavas ; je l'ai reconnu ; voilà pourquoi j'affectais tout à l'heure devant témoins de répéter sans cesse que ce n'était pas vous. Mais pourquoi me le cacher, vous qui n'avez, je le crois du moins, aucun motif d'attenter à mes jours ? — Il est vrai, monseigneur ; c'est Salavas. Ignorant quel crime il avait commis, encore endormi, étourdi ensuite du malheur qui venait de vous arriver, arrêté comme criminel, une fausse grandeur d'ame m'a fait croire que je devais cacher le nom du coupable, par égard pour une honteuse affection qui nous unissait et dont je rougis !... Voilà l'exacte vérité, monseigneur... Mais pourquoi avez-vous caché son nom, puisque vous l'avez reconnu? — Mon cher marquis... c'est un secret! Il y a plus, je ne puis faire punir le coupable, sans en compromettre de plus grands que lui. J'aimerais mieux qu'il m'eût tué tout de suite, je ne serais plus en butte à la haine du monstre affreux qui emploie de tels subalternes pour m'assassiner! — Vous m'effrayez, monseigneur! — Que ce misérable Salavas quitte l'armée et ne se présente plus devant moi, voilà la seule punition qu'il me soit permis de lui infliger; une autre, je le répète, entraînerait celle d'un plus grand criminel que lui. Mon silence sur le nom de l'assassin suffira pour lui assurer l'impunité. Allez, d'Arloy, et en continuant de me servir avec zèle, plaignez votre chef, plaignez votre jeune et infortuné général d'avoir de si vils ennemis.

» Le général était jeune en effet, et il avait un caractère d'une douceur, d'une bonté ! Vous venez d'en avoir la preuve. Le marquis, par ses ordres, recouvra l'honneur, la liberté, et il ne revit le baron de Salavas que lorsqu'il fut revenu dans ces contrées ; la guerre ayant cessé. Mon père, vous le pensez bien, eut horreur de ce méchant homme ; mais Salavas était si insinuant, si souple, si faux ! Il lui persuada que les offres d'un grand seigneur, qui voulait perdre le général, l'avaient ébloui : il avait espéré faire sa fortune en servant ce grand prince, qu'il ne nomma pas. Il demanda pardon au marquis, il se jeta à ses genoux, pleura, fit mille grimaces, et parvint, non à s'en faire aimer, estimer de nouveau ; mais à l'importuner de ses visites, de ses flatteries et de ses protestations d'amitié. Le marquis le méprisait, le marquis était sur le point de lui fermer sa porte, lorsqu'une circonstance les renoua plus que jamais. Le chevalier d'Oxfeld était l'ami du marquis; il avait épousé une soi-disant orpheline élevée par le baron de Salavas. Sa femme venait de donner le jour à une jolie petite fille, nommée Inèsia. Le marquis était... oui, le marquis était père depuis un an. Vous, ma mère, votre époux, monsieur et madame d'Oxfeld étiez quatre amis inséparables. Comment mon père pouvait-il éviter le baron, qui ne quittait pas la maison d'Oxfeld ! Le marquis cacha son crime à vous, ma mère, qui auriez été trop indignée pour souffrir la vue d'un pareil monstre; mais, quelques jours avant de mourir, il me confia cette aventure, en m'engageant à me méfier du baron, qu'il regardait comme l'homme le plus dangereux qu'on pût connaître. Voilà, mesdames, un trait de plus à ajouter à ceux sous lesquels le vénérable Frère Fulgence vient de vous peindre le baron. Pouvez-vous, d'après cela, avoir la moindre confiance en lui? Et vous, Frère Fulgence, connaissiez-vous cette histoire là?

Gérald répond : Il est peu d'anecdotes de la vie de ce vil baron qui me soient inconnues. Celle-ci, on me l'a racontée il y a bien des années; j'en sais même plus que M. le marquis d'Arloy, votre père, sur le compte de ce général et de ce grand seigneur qui a voulu le faire assassiner par la main de Salavas. Quelque jour je vous continuerai le récit de Fidély, et je le reprendrai au point où il en est resté; mais laissons ces détails qui nous sont étrangers, et parlons du sujet qui nous réunit ici.

Fidély et moi, nous ne vous avons raconté, mesdames, ces nobles actions du baron de Salavas que pour fixer votre opinion sur ce misérable. J'espère que vous n'ajouterez plus foi à ses calomnies ni à toutes les injures qu'il a osé m'adresser l'autre jour. A présent, revenons à vous, belle Inèsia, vous savez qu'il est maintenant votre aïeul, qu'il vous retient injustement un héritage de quatre cent mille francs; je vous ai dit, et vous devez m'en croire, que je lui ferai restituer cette somme quand je le voudrai. Voilà d'abord, je crois, un empêchement à ce que vous renonciez à un monde où la fortune et la considération, qui y est attachée, vous attendent un jour, qu'en pensez-vous ? —
— Eh ! monsieur, qu'est-ce que la fortune sans le bonheur ! — Sans le bonheur ? Ah, je vais encore répon-

dre à cela. Madame la marquise, en apprenant tout à l'heure votre naissance, s'est écriée avec raison : *Quel coup du sort !* Un coup du sort de cette nature n'est peut-être pas le seul que réservent aux faibles mortels les décrets de la divine providence. Il peut arriver un autre coup du sort qui change totalement la face de nos affaires. Monseigneur Ayrard vous a dit, Inèsia, qu'heureux ou malheureux, Fidély ne serait jamais votre époux. Il peut avoir raison ; mais il y a des chances de bonheur ou de malheur si neuves, si extraordinaires, tellement imprévues, qu'elles peuvent annuller tous les calculs de la prévoyance. Il est certain, et je ne le cache ici à personne, que Fidély se trouve dans le cas, ou d'être, un jour, l'homme le plus infortuné, ou de jouir d'un sort bien prospère. Dans la première hypothèse, Inèsia, toujours amante et dénuée de préjugés, ne peut-elle pas donner sa main à l'infortuné que le sort aura opprimé? Dites, Inèsia, ne le feriez-vous pas ?

Inèsia s'empressa de répondre : Je le ferais dès demain, si toutefois j'étais assurée qu'il fût une victime innocente de la fatalité!—Oh, il n'y en aurait pas de plus innocente, je puis vous le jurer, et monseigneur le sait comme moi.

Le sage Ayrard répondit : Il est bien sûr que si jamais le malheur accable ce jeune homme, il n'y aura nullement de sa faute.

Gérald poursuivit : Vous l'entendez, Inèsia ! Conservez-vous donc à lui, si vous l'aimez, pour lui tendre une main secourable, s'il tombe dans l'adversité!.... Dans l'autre cas

(c'est le plus inquiétant, il est vrai ; et cela va bien vous surprendre), dans l'autre cas, dis-je, supposons que le sort devienne favorable à Fidély au point de lui faire tomber des nues un état, une fortune honorables; si son cœur ne change point pour son Inèsia, s'il l'aime toujours, son union avec elle dépend alors, ou de la volonté de l'auteur de ses jours, ou de la sienne propre, s'il a le malheur de perdre l'être qui lui donna l'existence. Libre de son choix, il réclamera la main de son Inèsia. Assujetti au consentement d'une personne supérieure à lui par les droits de la nature, il est.... oui, il est possible que cette personne le lui accorde; eh! peut-on ne pas vouloir le bonheur de son fils ! Je m'en rapporte à vous, madame la marquise ? —Si je comprenais, réplique madame d'Arloy, un mot, un seul mot à ce que vous me dites-là, ma réponse serait claire et précise. Cet auteur de ses jours, cet être qui lui donna l'existence, c'est moi, n'est-ce pas ? On ne peut contester que je suis la seule personne au monde qui lui est supérieure par les droits de la nature, suivant vos expressions embrouillées. Je vous demande pourquoi vous allez chercher si loin le bonheur ou le malheur de mon fils. Il n'a pas besoin qu'il lui tombe des nues un état, une fortune. Un état, il est marquis ; une fortune, il aura plus de soixante mille livres de rente. — Un moment, je vous arrête, madame. N'oublions donc pas les coups du sort ! vous ne remarquez pas que vous êtes, vous-même, frappée d'un de ces coups, dans le moment où je vous parle ? — Moi, et comment, je vous prie ? — Si mademoiselle d'Oxfeld est la petite-fille de la comtesse d'Arloy de Figuière, ce qui serait bien et duement prouvé en justice, pouvez-vous garder les les huit cent mille livres que vous a léguées la comtesse, présumant qu'elle n'avait plus de fille. Si les lois ne pouvaient pas les faire restituer, la délicatesse, l'honneur, votre conscience, ne vous en feraient-ils pas un devoir?... daignez me répondre à présent ?

La marquise reste frappée de cette réflexion... Inèsia se hâte de lui dire: Oh, ma bonne mère, croyez que je ne réclamerais jamais !... et d'ailleurs me serait-il permis de le faire?.... Un enfant de l'amour ! — Un enfant de l'amour tant que tu voudras, réplique la marquise ; s'il est prouvé que tu es la fille de la comtesse, notre conscience, comme dit fort bien monsieur, suffit pour nous prouver la justice d'une restitution. Mon fils et moi nous te la devrions à l'instant, à l'instant même ! — Ne vous rappelez-vous pas, ma tendre mère, que vous avez eu déjà la bonté de m'assurer, sur votre testament, la moitié de votre fortune, et que.... — Cela ne suffit pas ; il te faudrait encore, pour être juste, la moitié de l'autre moitié... Que d'événemens, mon Dieu ! que de secrets impénétrables ! je me perds dans tout ce que me dit monsieur ! Qu'est-il donc arrivé à mon fils ! que lui est-il donc arrivé !

Gérald reprend : Il lui est arrivé, madame, (je répéterai ces mots là jusqu'à satiété) un de ces coups du sort dont nous parlions tout à l'heure. Quelque tendresse de mère que vous ayez pour lui, sa destinée n'est plus en votre puissance ; une autre pèse sur sa tête infortunée ; une autre l'attend, et Dieu sait ce qu'elle sera ! Ce que j'ai l'honneur de vous dire là, madame, est des plus vrai et des plus sérieux. Demandez à ce digne prélat dont le mensonge n'a jamais abordé les lèvres pieuses, demandez-lui si vous pouvez influer en quelque manière sur le sort de votre Fidély ?

Le prélat répond : Il est certain, madame, que tout ce que vous dit là l'estimable Frère Fulgence est de la plus exacte vérité. Les décrets de Dieu sont impénétrables ! il faut qu'un fils s'arrache des bras d'une respectable femme qui le chérit en mère tendre, il faut qu'il renonce à l'hymen, à l'amour, à tout !... sans avoir commis la moindre faute qui le force à un aussi cruel changement ! ajoutez-y la nécessité où l'on est de garder le silence sur les causes d'un pareil événement ! Frère Fulgence ne peut vous les dire ; il me les a confiées sous le sceau de la confession ; mon devoir m'ordonne de me taire, il faut que nous nous taisions, que nous agissions sans vous, que vous souffriez enfin ! voilà l'état actuel de l'affaire qui nous occupe.

Résumons-nous, interrompt Gérald. D'après ce que nous avons dit, belle Inèsia, ne sentez-vous pas la nécessité de renoncer à votre projet de couvent ? Fidély sera libre un jour ; de toutes les manières, il le sera ; le terme de ses souffrances ne peut pas être très-éloigné à présent. Jugez de votre douleur, si vous ne pouviez plus partager sa destinée, quelle qu'elle fut; vous voudriez en vain briser des fers que vous vous seriez imposés librement, trop légèrement !

rement! Il vous crierait à travers la grille de votre cloître : Cruelle Inésia! n'as-tu donc pas eu assez d'amour pour attendre que la fatalité eût cessé de me persécuter! Inésia! rends-moi mon amie, mon épouse!...Cette amie, cette épouse serait à jamais perdue pour lui! quel tableau!

Il me décide, s'écrie Inésia. Le doute dans lequel on me jette, l'avenir obscur qu'on offre à mes yeux, rien n'est fait pour ranimer mes espérances; mais je me conserverai néanmoins pour Fidély; je resterai fidèle à mon époux! Ma mère, ma bonne mère, reprenez votre fille, elle est prête à vous suivre. Etes-vous contens, messieurs? et toi, mon Fidély?... J'oubliais cependant... toi qui m'empêche de me consacrer aux autels de l'Être Suprême, dis-moi, n'as-tu pas, en prenant l'habit que tu portes, prononcé des vœux éternels?

L'archevêque sourit, et répond pour Fidély : C'est moi, mademoiselle, qui ai reçu ses vœux ; mais ignorez-vous donc que Dieu a daigné m'accorder le pouvoir de délier ce que j'aurais lié sur la terre. Qu'il soit heureux, qu'il devienne votre époux, je me charge de mettre là dessus sa conscience en repos.

Voilà une longue conversation, dit la marquise, et qui ne m'a rien appris. J'en sors tout aussi avancée qu'auparavant, plus troublée même. Mon fils est la victime d'un événement fatal, il n'y a pas de doute; ce Frère hermite me l'assure, monseigneur, qui est bien digne de foi, me le confirme. Il en résulte qu'il faut que j'attende, que j'ai perdu tout mon pouvoir sur mon fils. Pourquoi cela? comment cela? voilà la question éternelle que je fais, à laquelle personne ne me répond ; et quand je vous verrais, pendant cent ans, tous les jours, messieurs, vous m'entendriez continuellement vous dire ces mots : Pourquoi cela ? comment cela ? car il y a de quoi se désespérer; il y a vraiment de quoi perdre l'esprit.

Le digne archevêque employa toute son éloquence pour consoler cette bonne marquise, ou du moins pour l'engager à se résigner. Il eut bien de la peine à en venir à bout ; mais enfin elle se calma un peu. Il fut convenu qu'Inésia resterait quelques jours encore au couvent des Dames Hospitalières, pour ne pas laisser soupçonner qu'elle eût regardé cette maison sainte comme un pied à terre, ou un pis-aller ; qu'ensuite, elle retournerait, avec la marquise, au château d'Arloy, où

M. l'archevêque enverrait souvent des courriers pour instruire ces dames des démarches que pourrait faire Fidély , ou des nouveaux événemens qu'il aurait éprouvés.

CHAPITRE XII.

La jalousie nuit ici à l'amour filial.

L'ARCHEVÊQUE et les dames allaient se séparer de nos deux hermites, lorsque Fidély dit à Inèsia : A propos, j'oubliais de vous instruire qu'un particulier, qui s'est arrêté à cette porte lorsque vous êtes venue, vous a beaucoup regardée, Inèsia, et qu'il vous connaît très-bien ; car il vous a nommée. — Qui a pu me nommer dans ces campagnes où je ne suis jamais venue ? — Je l'ignore. Ce curieux indiscret ne voulait pas se retirer. C'est un jeune homme, bien fait même, et qui paraît, par sa mise, être bien né et fortuné. — Je ne puis me rappeler... Ma mère, devinez-vous?...

Fidély continue : Il tirait un portrait de sa poche, il l'examinait, semblait le comparer avec vos traits ; on dirait qu'il ne vous a reconnue que d'après ce portrait. Serait-il le vôtre, Inèsia ? — Comment voulez-vous, Fidély, qu'un étranger possède mon portrait ? J'aurais bien voulu voir de plus près cet inconnu ; car je l'ai remarqué comme vous. Il me regardait avec une affectation qui m'a fait rougir. — Il serait singulier qu'il fût encore là, qu'il attendît pour vous voir sortir.

Fidély entrouvre la seule croisée qui existe dans l'hermitage, et voit en effet l'étranger qui se promène, en attendant que la belle religieuse sorte de l'oratoire. Le voilà, dit Fidély ; Inèsia, vous pouvez le voir tandis que ses yeux sont fixés ailleurs que sur nous.

C'est bien étonnant, répond Inèsia, en examinant le voyageur : ce jeune homme ne m'est nullement inconnu; j'ai vu ses traits quelque part; il est certain que je les ai vus... Je cherche en vain à me rappeler... je ne le puis... Mais, mon Dieu, que fait-il donc? m'attend-il? veut-il me persécuter? Un funeste pressentiment m'avertit que je dois redouter cet homme-là. — Qu'avez-vous à redouter, mon enfant, dit l'archevêque? Etes-vous seule? ne suis-je pas avec vous? — Moi, répond Fidély, je ne crois pas que cet homme ait de bonnes intentions. Il aime Inèsia, je le parierais. — Comment, dit la marquise, il l'aimerait pour l'avoir vue une fois, tout à l'heure? — Sa beauté, madame, peut produire cet effet. — Sortons, réplique l'archevêque ; nous verrons s'il ose nous aborder. — Ciel ! s'écrie Inèsia, je crois me rappeler... je sais qui à présent ! ce ne peut être que cet italien à qui le baron de Salavas me destinait, avant de consentir à mon union avec Fidély. J'ignore son nom, vous le savez ; mais son portrait, que le baron me donna dans le temps, ressemble exactement à la figure de l'homme que vous voyez. Je me rappelle que mon tuteur me fit peindre en miniature et lui envoya également mon portrait. Il m'aura reconnue de la même manière que ses traits viennent de me frapper. Oh ! c'est lui ; ce ne peut être que lui.

Gérald frémit ; car il se douta sur-le-champ que cet étranger était Léonardo lui-même, dont Salavas, par des demi-mots, très-clairs pour Gérald, lui avait annoncé la prochaine arrivée.

arrivée. Gérald regarde à son tour par la fenêtre. Il voit en effet un cavalier qui paraît accompli; mais, comme Léonardo n'avait que dix ans lorsque Gérald l'a connu, il ne peut assurer que ce soit lui. Il dit cependant avec vivacité à Inèsia : Si c'est en effet ce Léonardo, mademoiselle, fuyez, fuyez cet homme. Si vous avez le malheur de lui plaire, il est capable de tout pour vous posséder. Monseigneur, Léonardo, c'est celui... vous savez?...

L'archevêque répond : Eh bien, mon Frère, de quoi donc vous effrayez-vous? N'y a-t-il pas des lois? Ne suis-je pas là pour vous protéger? — Mon père, il est des crimes secrets trop familiers à des scélérats comme... — Oh! oh! que dites-vous là, mon fils! de pareils soupçons peuvent-ils entrer dans votre ame! Vous vous méfiez à ce point de vos semblables!

— Mon père, je les connais, mes semblables ; je les connais trop ! — Il viendra me voir ; il ne peut pas s'en dispenser. Je lui parlerai ; je sonderai son ame, ses intentions, et j'emploierai ma médiation pour... — Monseigneur, il feindra de vous céder ; il est si adroit ! Je crois qu'il passe encore son père en méchanceté. — Patience, patience ; avec de la raison, du sang-froid et de la prudence, on vient à bout de tout. Sortons néanmoins, mesdames, et nous verrons, quand nous serons en voiture, s'il osera nous suivre.

C'est ce que Léonardo ne manque pas de faire. Aussitôt que la voiture des dames et du prélat est partie, il monte à cheval et la suit à une petite distance. Laissons-le trotter et revenons à Fidély.

Fidély est furieux. Il voit l'étranger suivre son Inèsia; il s'écrie: Est-on plus impudent que cela! Le voilà qui va sans doute jusqu'au couvent d'Inèsia! Mon sang bout dans mes veines! Mon père, comment se nomme ce rival que vous connaissez si bien, à ce qu'il paraît? — Il s'appelle Léonardo. — Quel est-il? — Mon ennemi. — Oh! je m'en doutais; il a bien l'air d'être l'ennemi de tous les honnêtes gens. — Parce qu'il est ton rival, n'est-ce pas? — Non, c'est qu'il a une mauvaise physionomie. — Tu te trompes; il est très-bien, au contraire; la nature ne lui a rien refusé du côté des traits; mais elle lui a donné l'ame la plus basse et la plus corrompue. — Oh! si vous me laissiez faire, c'est les armes à la main que je vous débarrasserais d'un si vil ennemi! — Tu te perdrais, mon fils, et ne me sauverais pas. Laisse-nous, monseigneur et moi, nous mettre en garde contre les embûches de ce traître, et ne t'en mêle en rien, si tu ne veux pas tout gâter. — Mais s'il m'insulte? — Il n'en aura pas sujet ignorant que tu es mon fils. Oh, par exemple, il faut bien prendre garde qu'il ne découvre ce secret! — Eh quoi, mon père, je verrai un jeune insolent vous insulter, vous menacer peut-être en ma présence, et je resterai témoin passif de ses offenses! — Il le faudra, mon fils. C'est ici, sur-tout, que tu dois te rappeler ton serment et le tenir à la rigueur : *Quelque chose que tu voies, que tu entendes*, renferme-toi dans ces seuls mots, et ne sois pas parjure envers les mânes de ta mère. — Oh, je ne réponds pas de moi, si ce Léonardo vous manque sous mes yeux... Il aura, je le parierais, l'effronterie d'entrer au couvent d'Inèsia, dans sa cellule peut-être ! si je le savais. — Crois-tu donc qu'on le laissera entrer comme cela ?

Fidély lève les yeux au ciel ; il se mord les lèvres ; on voit qu'il souffre. Il poursuit : Comment se fait-il ?... il l'aimait donc sur son portrait ? Salavas persécutait Inèsia pour qu'elle l'épousât ; ce n'est que dix jours avant notre mariage qu'il a changé tout à coup de résolution. Ce Léonardo, mon père, est-il un parti digne d'Inèsia ? — Quant à la fortune, oh, très-certainement il en est plus que digne. —Il est donc riche, titré ? — Je vais cesser de répondre à tes questions.— Oh, que vous me gênez, mon père, avec un serment... dont vous abusez pour me laisser toujours dans un vague, dans une inquiétude !... — Tu viens de me prouver combien j'ai eu raison de l'exiger de toi. Si je te confiais les chagrins que m'a faits cet homme, le genre de ses relations avec moi, tu irais tout de suite lui proposer un duel! ou bien tu t'emporterais de manière à l'aigrir davantage, et c'est ce qu'il faut éviter; car, mon Fidély, il a de justes reproches à me faire; je suis à ses yeux un criminel qu'il a droit de poursuivre ; ma contenance devant lui doit être celle du repentir et de l'humilité. — Voilà bien de quoi me tuer tout à fait ! c'est votre ennemi, monsieur, et il a, dites-vous, de justes motifs pour l'être ? — De trop justes, mon fils.—Alors, que ne lui demandez-vous pardon; que ne vous livrez-vous à lui; si vous l'avez offensé le premier, vous lui devez une réparation quelconque, ou il a raison de vous tourmenter. — Mon fils, pense donc à la protection, à l'estime que m'a vouées monseigneur! est-il homme à l'accorder à un être qui ne la mériterait pas? — Voilà ce qui me confond, mon père, ce qui trouble vraiment ma raison... Il est donc décidé, monsieur, que si ce Léonardo ose vous outrager devant moi, je le laisserai faire, je ne me permettrai pas de réprimer son audace? — Ton devoir sera de garder le silence. — Et vous attendez cela de votre fils! vous le croyez assez lâche!... mais quel est son projet en suivant Inèsia?...

Gérald vit clairement que la jalousie était le motif le plus fort qui portât son fils à vouloir le venger de Léonardo; il s'écria : Suis-je assez malheureux! faut-il que tu ajoutes, aux dangers de ma triste position, le feu de tes passions, qui lui sont tout à fait étrangères ! Quand je ne dois consulter que la prudence, tu n'écoutes que ta témérité ; tu parles d'éclater, de faire des scènes ; et tu ne veux pas accorder à ton père la liberté de se conduire suivant qu'il doit le faire d'après les circonstances où il se trouve, et qui ne sont connues que de lui seul ! N'aurai-je retrouvé mon fils que pour qu'il ajoute à mes chagrins, à mes embarras, que pour qu'il me perde enfin ; car tu me perds, et toi avec moi, si tu ne te laisses pas guider par mes sages conseils. — Aussi, mon père, pourquoi me cachez-vous la cause de vos malheurs ? y a-t-il sur la terre un fils qui se trouve dans une situation pareille à la mienne ! je le demande à vous-même. Tous les enfans connaissent leurs parens, leur famille ; je suis le seul qui n'ait pas ce bonheur, et l'on veut toujours me laisser dans l'ignorance et me prescrire un silence qu'il est trop difficile de garder en pareil cas... mais je voudrais bien savoir ce qu'est devenu ce Léonardo ?

Fidély ne sortait pas de là. Son père lui proposa d'envoyer le jeune Georges Vernex vers Inèsia, pour savoir d'elle la suite de cette aventure.

Georges partit et revint une heure après dire, de la part d'Inèsia, que l'étranger ne s'était point montré au couvent, qu'Inèsia ne l'avait point revu; ce qui tranquillisa un peu l'amoureux Fidély.

CHAPITRE XIII.

Dénonciation qui peut changer la face des choses.

Ah ! vous voilà enfin arrivé, digne fils d'un homme qui m'honorait de sa plus sincère estime ! Je vous attends ici depuis plusieurs jours avec Le Roc. Pourquoi avez-vous donc tant tardé ?

C'est le baron de Salavas qui adresse ces mots au seigneur Léonardo qu'il voit entrer chez lui dans l'auberge d'Auch. Léonardo lui répond : Différentes affaires m'ont occupé ; dites-moi, baron, je crois ne m'être pas trompé ? c'est votre pupille, c'est la belle Inèsia d'Oxfeld que je viens de voir rentrer au couvent voisin ? —

C'est possible. Inèsia s'est faite en effet religieuse dans ce couvent. Mais comment l'auriez-vous reconnue, vous qui ne l'avez jamais vue ! — Son portrait n'était-il pas des plus ressemblans ? Ce n'est que sur ce portrait que je l'ai reconnue; cela était néanmoins d'autant plus difficile que la jeune personne qui ressemble à ce portrait, est habillée en religieuse, et que j'étais à cent lieues de croire que ce fût là, aujourd'hui, le vêtement d'Inèsia. Comment ne m'avez-vous pas fait part de sa prise d'habit. ? — Que voulez-vous; il y a trois mois que vous voyagez, que vous êtes tantôt dans un lieu, tantôt dans un autre; vous m'avez bien écrit; mais, moi, il m'était impossible de vous répondre, ignorant où je vous adresserais mes lettres. Il s'est passé bien des choses, depuis que notre correspondance est interrompue. — Dites-moi d'abord celles qui concernent Inèsia ?

Le baron regarde Léonardo d'un air étonné, et lui répond : Comme vous prenez feu, seigneur Léonardo ! Je ne me doutais guère que vous en fussiez amoureux. Vous me rappelez que, désirant qu'elle pût vous plaire, je vous avais envoyé son portrait. Je savais bien qu'elle ne pouvait jamais aspirer à l'honneur de devenir votre épouse ; mais, moi, qui vous suis dévoué en toute chose, je consentais volontiers à ce que vous en fissiez votre maîtresse. Vous la trouvâtes jolie sur son portrait ; vous m'écrivîtes pour que je vous l'amenasse. J'étais sur le point de le faire ; je disposais la jeune personne à vous épouser ; j'allais partir avec elle ; un prêtre supposé vous aurait unis ; vous auriez, quoique simple amant, joui des droits d'époux, et les suites de cela vous eussent tout à fait regardé. Vous vous en souvenez, tels étaient nos projets... Tout à coup je reçois de vous une lettre qui les rend nuls. On vous propose, m'écrivez-vous, un parti sortable que vous ne pouvez refuser... Vous m'ordonnez de rester, et vous renoncez pour jamais à votre désir d'avoir ma pupille. — On voulait en effet me marier, et j'y étais décidé. Une intrigue amoureuse m'aurait alors beaucoup embarrassé. J'y renonçai, il est vrai, ainsi qu'au mariage projeté. D'ailleurs un simple portrait pouvait-il me donner une idée de toute la grace, de la fraîcheur, de la délicatesse des traits de votre Inèsia ! Si je l'avais connue alors telle que je l'ai vue ce matin, je n'eusse pas abandonné la partie ; non, certes, elle eût été la douce amie de mon cœur. Enfin, que lui est-il arrivé depuis ?

Le baron répliqua : Ma foi, moi, au reçu de votre lettre, j'ai... j'ai tourné les affections d'Inèsia d'un autre côté; et dix jours après, je l'ai fiancée, avec un jeune marquis de vingt ans qui l'adorait. Il en était fou ! — L'a-t-elle épousé ? — Non. Une circonstance imprévue a éloigné d'elle ce jeune fou, et c'est de désespoir de l'avoir perdu, qu'Inèsia est entrée, il y a trois jours, au couvent des Dames Hospitalières. — Elle n'y est que depuis trois jours ? elle n'a donc point prononcé de vœux ? — Il faut bien qu'avant elle fasse son noviciat. — Ah ! mon cher ami, elle est à moi. — A vous ! — Elle sera ma maîtresse, ma femme, s'il le faut. — Votre femme. — Pourquoi pas ?

— Ce serait un grand honneur pour elle et pour moi qui suis son... son tuteur. Mais où donc l'avez-vous revue, ce matin ? — Là-bas, sur la route, dans une espèce d'hermitage, où elle s'est soudain renfermée avec un prêtre, une femme d'un âge fait, et deux moines, à ce qu'il m'a paru. — Quoi, vous avez été à l'hermitage Saint-Fulgence ? — Je passais devant. Je revenais de Mieslau, où j'avais couché. — Vous avez vu l'hermitage Saint-Fulgence ! — Eh oui, d'où vient cet étonnement ? — Avez-vous bien regardé les deux moines, ainsi que vous les appelez, qui sont là ? — Je n'ai examiné qu'un jeune hermite qui s'est même conduit d'une manière assez insolente avec moi. — Ce jeune homme, seigneur, est justement le marquis fiancé à Inèsia, et qui l'a délaissée pour prendre le froc. —

Comment, c'est lui qui ?... le sot ! il ne l'aimait donc pas? — Il l'adorait; tous deux s'adorent encore. Mais l'autre hermite est bien plus curieux pour vous. — Je n'ai pas cherché à distinguer ses traits; je n'étais occupé qu'à admirer ceux d'Inèsia. Eh bien, cet autre hermite ?... — Remerciez le ciel de vous l'avoir fait rencontrer? C'est Gérald. — Gérald ! — Lui-même, qui a pris ce parti pour se mettre sous la protection du primat d'Aquitaine, archevêque de ce diocèse. — C'est Gérald, dis-tu Salavas? et tu n'as pas exécuté mes ordres? — L'ai-je pu ? Cet archevêque l'a mis hors des lois civiles; il lui appartient maintenant. — Bon, bon ! Les ordres d'un souverain, qui veut punir un sujet rebelle, doivent l'emporter sur la protection d'un archevêque. Je le verrai, ce puissant prélat. — Oui, vous
ferez

ferez bien ? — Mais cette belle Inèsia ! ah je ne pense plus qu'à elle. Ne pourrai-je la voir, baron ! Oh ! procurez-moi, mon ami, et très-promptement l'occasion de la voir. — Au couvent, cela serait difficile. Cela se peut cependant ; car la règle de ces dames ne leur défend pas de recevoir du monde. Mais elle viendra sûrement chez sa mère adoptive, une bonne femme de marquise, qui demeure ici dessus, dans ce même hôtel ; nous la verrons alors. — Quelle est cette marquise ? — C'est la mère du jeune hermite, l'amant d'Inèsia. — Ah çà, mais c'est donc un roman que tout cela ! Je me charge du dénoûment ; j'aurai Inèsia, ou ceux qui m'en empêchent périront tous sous mes coups. — Ce ne sera pas moi, seigneur Léonardo. Je vous aiderai au contraire de tout mon pouvoir

—Oh ! pour toi (*il sourit*), je sais jusqu'à quel point tu peux porter ton zèle à m'être agréable, et voilà cent louis que je te donne encore pour reconnaître les soins que tu as mis à découvrir mon ennemi. Si je réussis complettement, Salavas! si tous mes vœux sont comblés, ta fortune sera mon ouvrage, et je n'y mettrai point de bornes.

Salavas salue jusqu'à terre, et l'excès de sa bassesse fait pitié à l'homme même qui en tire parti.

Le chanoine Sably entre chez Salavas : Ah, dit-il, monsieur le baron, vous n'êtes pas seul ? je venais vous parler de l'homme en question ; je reviendrai. — Non, entrez, lui répond le baron. C'est du Frère Fulgence, n'est-ce pas, que vous voulez d'entretenir ? Vous pouvez en parler librement devant monsieur ; c'est justement la personne envers qui ce Frère s'est rendu coupable d'un crime, et qui m'a commis le soin de le livrer à la justice. Nous pouvons causer ensemble librement tous les trois sur ce faux hermite.

Le baron s'adresse à Léonardo. Vous voyez, seigneur, un pieux et honnête chanoine de la cathédrale, qui veut bien entrer dans nos vues pour perdre cet hermite que vous savez dans l'esprit de l'archevêque, son aveugle protecteur. Eh bien, digne Sably, avez-vous entrepris déjà cette tâche difficile ? — J'ai fait une découverte, oh ! la plus heureuse ! Quel que soit cet hermite, de quelque voile qu'il se couvre, ses actions vont enfin être mises au grand jour. Vous ne savez pas le métier qu'il a fait ?... Il a été, pendant long-temps, dans une bande de voleurs. — Dans une bande de voleurs, s'écrie Léonardo étonné !

Salavas pâlit.

Le chanoine continue : Oui, messieurs, et ce n'est point une calomnie; cela est certain.—Comment le savez-vous, demande Salavas?—Vous allez l'apprendre, répond le méchant Sably; écoutez, écoutez moi. Je fus appelé, il y a une heure, pour aller confesser, dans la prison de cette ville, un malheureux qui s'y mourait. Près de son lit était un de ses amis, prisonnier aussi, que je fis retirer. Quand j'eus entendu la confession du moribond, son ami rentra et se jeta sur lui en versant des larmes de regrets. Soit qu'il l'ait étouffé par ses embrassemens, soit que l'heure suprême du malade fût arrivée, il expira devant moi. Son ami me dit soudain : Voilà donc sa fin ! voilà donc sa fin ! Oh, monsieur l'abbé, s'il a été condamné, ainsi que moi, à une prison perpétuelle, il y en a d'autres qui la méritaient plus que nous, et qui sont bien plus heureux ! nous n'avons fait que recéler quelques bagatelles, et les véritables voleurs sont libres, eux ! — Comment, que dites-vous, lui dis-je ? osez-vous ainsi compromettre les ministres des lois ? ils savent atteindre et punir les criminels, en quelque lieu qu'ils se cachent. — Vraiment, M. l'abbé ? Il en est un pourtant qui ne se cache pas et qui est libre, honoré même de la protection de l'archevêque. — Qui donc ? — C'est ce cafard d'hermite de là-bas, ce prétendu Frère Fulgence. Il était un des voleurs pour qui nous recélions. — Que dites-vous ! doucement ? il faut être bien sûr de pareille chose pour oser l'avouer ! — Si j'en suis sûr ! demandez à tous les brigands des forêts de la Bohême, où il exerçait ses petits talens ; ils le connaissent tous. Mon pauvre camarade, qui vient de mourir, et moi, nous étions à regarder sur la place, à travers les grilles de cette croisée, il y a quelques jours ; nous vîmes passer l'hermite et nous le reconnûmes à l'instant tous les deux.

» Jugez, messieurs, de l'effet que produisît sur moi un pareil incident ! J'interroge encore le prisonnier ; il appuie son aveu de mille preuves. Alors je lui demande s'il se sent le courage de faire ce rapport à monseigneur lui-même. Il me répond : Pourquoi pas ? nous sommes punis, nous ; pourquoi notre camarade hermite ne le serait-il pas ? Oui, certes, je dirai tout cela à monseigneur ; s'il s'en fâche, que me fera-t-il ? je suis en prison, il n'aura pas la peine de m'y faire mettre.

» A présent, messieurs, vous savez que monseigneur a l'habitude d'aller lui-même, une fois par mois, consoler les pauvres prisonniers. C'est demain son jour fixé pour cette visite ; mon homme a le mot ; je lui ai même donné une pièce d'or pour l'encourager. Demain donc, monseigneur saura ce que c'est que ce pieux hermite à qui il a prodigué son estime, sa protection, plus qu'il ne l'a jamais fait pour nous.

Léonardo et le baron sont stupéfaits du récit du chanoine. Léonardo, plus étonné encore que Salavas, dit à celui-ci : Mon cher baron, concevez-vous quelque chose à ce qu'on nous dit là ? est-il vraisemblable que l'homme en question se soit dégradé à ce point ?... Ah, cela par exemple, n'est pas du tout présumable.—Et pourquoi donc, répond le baron ? une ame vile et basse n'est-elle pas capable de tout ! le malheur d'ailleurs ne porte-t-il pas à faire tous les métiers ? serait-il le premier qui se fût abaissé à ce point ? moi, je crois cela, je le crois fermement. — Et moi, non. Il y a un mal entendu là dessous.—Eh bien, quand cela serait, quel mal y a-t-il à le faire passer pour tel aux yeux de monseigneur ? S'il le croit, il va mépriser son protégé, et nous aurons moins de peine à le perdre ensuite tout à fait dans son esprit.— Mais il demandera à l'hermite une explication. — Si l'hermite a été ce qu'on dit, pourra-t-il le nier ? Si cela n'est pas vrai, eh bien, on verra à se retourner d'une autre manière. Laissons toujours parler le prisonnier.

Le chanoine Sably reprend : Il dit
la

la vérité, le prisonnier, soyez certains messieurs, qu'il n'en impose point, il est très-sûr de son fait. Ces gens là doivent bien se connaître, n'est-ce pas ? Laissons toujours agir la médisance ; qu'elle porte d'ailleurs ce coup violent à l'estime que monseigneur a vouée à cet homme, et, comme dit fort bien M. le baron, nous verrons après.

Il fut convenu, malgré l'étonnement de Léonardo, qu'il n'irait visiter l'archevêque que lorsqu'on aurait vu l'effet que devait faire sur son esprit la confidence du prisonnier. Cela pouvait préparer le prélat à recevoir d'autres impressions plus défavorables encore sur le compte de l'hermite, et l'amener à lui retirer son sauve-conduit, lequel empêchait pour le moment d'arrêter un homme qu'il avait pris sous sa protection.

Léonardo et le baron remercièrent le méchant chanoine, qui protesta que tout ce qu'il faisait n'était dicté que par la haine qu'il portait au vice et par son ardent amour pour la vertu. Il sortit, laissant les deux ennemis de Gérald enchantés d'avoir un pareil adjoint à leurs noirs projets, et attendant le succès de la médisance, ou de la calomnie qu'il venait de leur débiter.

CHAPITRE XIV.

On s'explique; mais cela n'est pas encore clair.

Deux jours s'étaient écoulés depuis que Fidély avait revu son Inèsia, et l'idée qu'il avait un rival lui causait la plus vive inquiétude. Il n'osait en parler à son père, qu'il voyait plongé dans les plus sombres réflexions; mais il brûlait de s'échapper un moment pour aller à Auch, s'informer lui-même de ce que faisait ce rival abhorré. Ce projet échauffait sa tête, et il était sur le point de l'exécuter, lorsqu'il vit entrer dans l'hermitage, aussitôt après la prière du matin, la marquise d'Arloy avec sa fidèle Micheline. La marquise embrassa son fils; puis elle dit à Gérald : Frère

Fulgence, il nous arrive des choses sur lesquelels nous avons besoin de vos conseils ; car, quelque bizarre que soit votre conduite envers moi, vous ne m'en inspirez pas moins une grande confiance, et même une sorte de vénération. — Madame, répond Gérald, vous m'honorez, et j'espère vous bien prouver par la suite que je mérite votre confiance. Veuillez parler ? — C'est au sujet d'Inèsia.

D'Inèsia, s'écrie Fidély ! que lui serait-il arrivé ? — Rien encore, mon fils ; mais elle est menacée d'un grand danger. Ce Léonardo l'aime, dit-il, à la fureur, et il jure qu'il emploiera tous les moyens pour devenir son époux. — Ce Léonardo ! qu'il tremble ! — Tremblons plutôt nous-mêmes ; car on dit que c'est un très-grand seigneur étranger, qui a des raisons pour garder l'incognito en

France. — Qui dit cela ? — Le baron de Salavas. — Il ment, c'est un imposteur. — Mais il connaît beaucoup Léonardo. Il l'a même vu naître, à ce qu'il assure. — Frère Fulgence le connaît aussi, il peut bien nous dire qui il est ? dites, monsieur, est-ce un si grand seigneur ?

Gérald répond : Il fait ce qu'il peut pour le devenir ; mais si Dieu lui rend justice, il ne réussira pas. — Je l'avais bien dit ; c'est ce Salavas qui fait courir ce bruit là, et qui le protège peut-être dans ces belles amours? — Tu l'as dit, mon fils, réplique la marquise. D'abord il m'a présenté l'étranger comme le fils d'un de ses meilleurs amis, comme son ami lui-même. Ensuite ils ont été tous deux voir Inèsia dans son couvent.—Comment, on a laissé entrer dans ce couvent ?... — Léonardo s'est nommé en secret à l'oreille de madame la supérieure, qui de suite s'est inclinée et l'a laissé aller, ce qui prouve que ce jeune homme est un puissant personnage.—Puissant ou non, il me verra! après, ma mère? — Inèsia m'a mandée ensuite chez elle pour me rapporter la longue conversation qu'elle a eue avec eux. Léonardo s'est jeté à ses genoux, a protesté de son amour. Le baron lui a ordonné d'écouter les propositions du jeune homme; il veut l'épouser, l'emmener sur-le-champ en Italie, où il lui prépare un sort des plus brillans. Enfin, il n'y a pas de sollicitations, de prières, d'instances qu'il n'ait mis en œuvre. Il a été jusqu'à la menacer de l'enlever... La pauvre Inèsia, depuis ce moment, tremble de peur. Elle ne sait si elle doit rentrer chez moi, comme elle me l'a promis, revenir avec moi à mon château d'Arloy ; elle ne sait ce qu'elle veut faire !

Il faut, interrompt Gérald, qu'elle se garde bien de quitter la sainte retraite qu'elle habite. Elle est là plus en sûreté que par-tout ailleurs contre les attaques d'un libertin, dont je connais les principes, les mœurs, et qui ne l'épousera jamais.—D'ailleurs, monsieur, elle n'aime que Fidély ; ce n'est qu'à Fidély qu'elle veut conserver sa main et son cœur.

Fidély s'écrie : Il ose y prétendre, ce vil Léonardo ! je saurai l'en empêcher ! — Que ferez-vous, monsieur le marquis, demande Gérald ? — Je le verrai ; il se battra avec moi, et il me tuera, ou je le tuerai. — Madame, parlez donc à votre fils ; car ce jeune homme est vraiment insensé !

La marquise reprend : Voilà de beaux projets, mon fils, et qui doivent bien rassurer votre mère. Si tu m'as quittée, ingrat, ce m'est une consolation au moins de savoir que tu existes. Je puis t'embrasser de temps en temps, j'espère voir, un jour, arriver la fin de l'aventure mystérieuse qui t'éloigne de moi. Vas te mesurer avec un grand, avec un simple particulier, si tu veux, qui peut te perdre de toutes les manières, soit que tu succombes, ou qu'il meure sous tes coups. Laisse-nous traiter cette affaire avec la prudence qui nous caractérise? Nous t'aimons ; nous voulons te garder ton Inèsia ; nous en trouverons les moyens... Je suis de l'avis de Frère Fulgence : il faut qu'Inèsia reste dans son couvent, dont sans doute on n'osera pas briser les portes, et il faut qu'elle y reste jusqu'au moment où vous vous unirez, tout le temps du moins que ce fougieux étranger restera en France. Frère Fulgence ! et toi, Fidély ! méchans que vous êtes tous les deux ! qui vous empêche de former le plutôt possible ces liens que Léonardo serait forcé de respecter ?

Fidély regarde aussitôt Gérald d'un air suppliant, comme s'il le priait de mettre fin à son existence monastique et solitaire. Gérald répond froidement à la marquise : Madame, si je le pouvais, je le ferais ; mais n'oubliez donc pas, madame, que je ne retiens nullement votre fils auprès de moi. C'est volontairement qu'il y est. C'est lui qui a voulu être mon compagnon, s'attacher à mon sort, ne me jamais quitter, qu'à la mort, ce sont ses expressions. Il a toujours été libre ; il l'est encore, en ce moment, de retourner avec vous, de vous rendre votre fils, d'épouser Inèsia.

Ce n'est pas moi qui l'en empêche ; le voilà ; qu'il parle ?

La marquise à son tour tend les bras à son fils, comme pour lui demander son consentement. Fidély, dans le plus grand embarras, regarde la marquise avec intérêt, et lance à son père un coup-d'œil où se peignent le dépit et presque l'indignation. Il lui répond à la fin d'un air ironique : Vous faites bien tout ce que vous pouvez, monsieur, pour me tourmenter de toutes les manières. Vous connaissez mon secret ? vous savez si je puis, si je dois même vous abandonner à vos chagrins !... et vous faites entendre à ma mère que c'est de ma propre volonté que je la quitte, que je lui perce le cœur ! vous mériteriez vraiment qu'on vous abandonnât, et un autre que moi !...Non, madame, non, je ne suis pas libre, n'en déplaise à monsieur, de faire ce que vous exigez de moi. Un serment sacré m'enchaîne, il le sait trop !... Ne revenons pas en grace sur des scènes affligeantes, sur des explications que nous avons eues cent fois et qui n'ont servi qu'à accroître nos maux, à tous! vous me questionneriez maintenant que, dussé-je vous offenser, je prendrais la liberté de ne point vous répondre !

La marquise versa des larmes et se retira. Micheline, avant de la suivre, dit à l'oreille de Gérald : vous êtes bien cruel envers ma pauvre maîtresse! ah, vous la ferez mourir de chagrin !

Fidély entendit ces derniers mots et dit à son père, quand il se vit seul avec lui : eh bien, monsieur, ce n'est donc pas assez pour vous du sacrifice de mon amour, sacrifice des plus grands, puisque j'ai à présent un rival, dont mon mariage, s'il pouvait se faire, annullerait les prétentions ! Il faut encore que vous jettiez sur moi tous les torts de cette affaire, devant la respectable marquise ! — Tous les torts ; je ne t'entends pas, mon fils, et tu ne m'as jamais parlé sur ce ton qui sent le reproche et la révolte même ! —C'est que tout augmente ma peine, de tous les côtés. — Fidély, lorsque tu me fis le serment de t'attacher à ma triste déstinée, tu ne te sentais pas la force de le tenir ? — Je l'ai fait, il est vrai ; je le ferais encore ; mais convenez qu'il me coûte bien cher ! — Je sais que tu t'es imposé tous les genres de sacrifices; mais l'ai-je exigé ce serment ? Ne t'ai-je pas conseillé alors, comme par la suite, de retourner au château, d'y cacher notre secret et d'épouser ton Inésia ?—Le devais-je, mon père? — Tu le sens donc ? tu ne le devais pas, dans ce moment, plus qu'aujourd'hui. Si tu le voulais cependant, je t'en laisserais encore le maître. La piété filiale, lorsqu'elle est forcée, n'est plus, à mes yeux, une vertu; je te croyais un grand caractère; je travaillais à le fortifier encore contre de grands événemens ; je voulais que ton ame fût trempée assez fortement pour résister aux coups du sort. Il paraît que je me suis trompé. Depuis que mon fils a un rival, je ne le reconnais plus; il s'indigne, il se dépite contre moi ; ce n'est plus ce fils qui me pressait sur son cœur, qui essuyait mes larmes, ou mêlait ses pleurs à celles de son père. Ah Fidély, le sort m'a tout retiré ; il m'avait rendu mon fils ; je vois qu'il va me priver encore de ce bien, mon unique consolation.

Gérald verse des larmes et gémit profondément. Fidély, le bon Fidély, ne peut résister à ce tableau ; il vole à son père, il lui prodigue les plus tendres caresses, en s'écriant : Mon père, pardon, oh ! mille fois pardon ? Je vous ai affligé, je le vois ; ce sera la dernière fois. Jamais vous n'entendrez la moindre plainte de ma bouche. Je verrai tout, j'entendrai tout, comme je vous l'ai promis, et je resterai muet. — Oh, mon Fidély, c'est pour ton bien que je me conduis ainsi ; tu ne sais pas, tu ne peux pas te douter que c'est pour ton bien. Tu le verras, par la suite, et peut-être m'en remercieras-tu. O mon Dieu ! fais donc que cet enfant, pieux et soumis, soit bientôt récompensé de tant de vertus ! Je t'implore, mon Dieu ! pour lui, plus que pour moi. Fais tomber sur lui ta sainte bénédiction, et que le père et le fils, confondus ensemble dans le sein l'un de l'autre, élevant avec ferveur les bras vers toi, obtiennent de ta grace efficace la punition de leurs ennemis, et la faveur de n'être jamais désunis !

Fidély répéta cette prière touchante, et tous deux se livrèrent aux épanchemens de leurs cœurs.

Le bruit d'une voiture, qui s'arrête devant leur porte, les tire de leur douce extase. C'est monseigneur qui en descend ! Les deux hermites volent au devant lui... mais il n'est pas seul. Un chanoine l'accompagne, et Gérald reconnaît, dans cet ecclésiastique, le chanoine Sably.

Gérald, après avoir salué monseigneur, dit à Sably : Ah ! je suis ravi de vous voir, monsieur le chanoine, et enchanté de ce que monseigneur a daigné, à ce qu'il paraît, vous rendre sa confiance.—Monsieur, répond le chanoine d'un air froid et composé, il me serait doux de devoir ce service à un homme plus estimable que vous. — Plus estimable!...

L'archevêque l'interrompt : Laissons cela, Sably; votre devoir n'est pas de montrer, dans cette affaire, plus d'humeur que moi.

Il s'adresse à Gérald : Monsieur, vous m'avez trompé!—Moi, monseigneur! en quoi, daignez me le dire?
— Vous êtes bien... oui, vous êtes bien ce que vous m'avez dit, et ce que la prudence m'empêche de répéter ici ; mais, depuis, quelle affreuse conduite avez-vous tenue, monsieur ! — Je ne comprends pas...
— Un homme comme vous s'avilir au point!.... ah!.... — A quel point, de grace?... — Oublier ce que vous étiez, ce que vous pourriez être encore,

core, et me cacher cela dans la longue confession que vous m'avez débitée ! — Oh, monseigneur, j'ose vous supplier !... — Un mot doit vous suffire : avez-vous été en Bohême ?— Oui, monseigneur. — Long-temps ? — Quelques années, monseigneur. — N'y portiez-vous pas le nom de Vernex ? — Cela est vrai, monseigneur. — Et vous ne rougissez pas ? adieu ; je me retire. Sortons, Sably.

L'archevêque va s'éloigner, Gérald le rappelle : Monseigneur, au nom du ciel, daignez vous expliquer ? quel tort peut-on m'imputer ? qu'ai-je donc fait de mal sous ce nom de Vernex ? — A Dieu ne plaise que je le répète ici ! vous le demandez !.. adieu, monsieur. Je vous retire ma protection, et vous livre à la juste punition des lois !

Le digne prélat veut encore sortir ;

Gérald se prosterne à ses pieds et s'écrie : Je tombe à vos genoux, monseigneur, daignez m'apprendre ce qu'on vous a dit sur mon compte. Je jure devant Dieu que, sous ce nom de Vernex, j'ai toujours suivi le sentier de l'honneur.

Le chanoine Sably dit, en souriant avec amertume : Convenez plutôt que vous avez suivi le sentier des forêts de la Bohême.— Quelle abomination, répond Gérald irrité! qu'entend-on par là?

L'archevêque reprend : Laissez, Sably ; cet homme ne mérite pas une explication.—Une explication, monseigneur! je l'aurai, ou je ne quitte pas vos genoux que je presse. Quels sont les misérables qui ont pu me calomnier à vos yeux, et qu'ai-je fait à ce perfide ecclésiastique qui me nargue là et paraît être un de ces vils calomniateurs ! Parle, méchant ! je ne t'ai fait que du bien.

L'archevêque réplique : Il ne vous en veut pas, plus que moi ; il est indigné seulement de ce que vous m'avez caché une des circonstances les plus odieuses de votre vie ! — Mais laquelle, monseigneur ? — Comment, laquelle, malheureux !... vous ne vous êtes pas mis dans une bande de voleurs ?

Ce mot terrifie Gérald et sur-tout le pauvre Fidély, témoin de ce reproche honteux.

Oui, continue l'archevêque, direz-vous que vous n'êtes pas ce Vernex qui a fait partie de cette bande de brigands dont les forêts de la Bohême ont été long-temps infestées !

Gérald est anéanti.... surcroît de surprise et d'effroi pour son fils.

A la fin Gérald répond avec timidité: Monseigneur, on vous a trompé, je puis vous jurer qu'on vous a trompé ! Il a pu se rencontrer parmi ces monstres un homme qui portât le nom de Vernex ; mais je vous proteste que ce n'est pas moi. J'ai pris ce nom pendant quelque temps, comme j'en ai pris plusieurs autres, suivant les divers déguisemens sous lesquels j'étais obligé de me cacher... vous en savez les raisons? — Oui, mon cher monsieur ; mais se déguiser en voleur, c'est un peu trop fort. — Je vous jure, sur l'honneur, que ce Vernex là n'est pas moi. — On vous a reconnu. — Qui? — Un de vos dignes camarades, un malheureux qui expie ses crimes dans les prisons de la ville d'Auch. — Ce faussaire pourrait soutenir ?... — Il vous le dira à vous-même. Il est là, derrière ma voiture ; je lui ai fait mettre l'habit d'un de mes laquais pour vous l'amener ; vous l'allez voir.

Le chanoine Sably fait descendre le prisonnier délateur qu'on a en effet amené. Il entre d'un air effronté dans l'hermitage, regarde Gérald, et dit : Monsieur est bien M. Vernex, que j'ai vu en Bohême; me reconnaît-il ? — Oui, répond Gérald d'un ton ferme ; je te reconnais, misérable, mais c'est pour t'avoir rendu plusieurs services. Ne t'ai-je pas rencontré blessé, mourant de faim et de froid sur une route ? — C'est vrai. — Ne t'ai-je pas fait transporter, dans ma propre voiture, à mon auberge ? — C'est encore vrai. — Ne t'ai-je pas gardé, fait soigner à mes frais pendant trois semaines qu'il t'a fallu pour te rétablir d'une prétendue chute, dont tu me racontas à ta manière les circonstances auxquelles j'eus la faiblesse d'ajouter foi ? — C'est toujours vrai. J'étais blessé par le fait d'un voyageur que j'avais voulu détrousser. Je me gardai bien de vous le dire. — Ah, tu te gardas bien de me le dire! eh, pourquoi, lorsque voyageant tranquillement, je rencontre un étranger blessé, lorsque, par pure humanité, je prodigue secours, argent et nourriture à cet étranger que je ne connais pas, pourquoi, au bout de quinze ans, vient-il inventer, propager, sur mon compte, la plus grossière des calomnies ? car il paraît que c'est par toi que monseigneur ?... — Je l'avoue, je l'ai dit à monseigneur, comme à M. l'abbé que voilà. — Que j'avais été un brigand ? avec toi ? — Non pas avec moi ; je ne vous ai jamais vu dans la bande; mais un de mes camarades, qui est mort, vous y a bien connu. — Moi ?...

daignez faire attention, monseigneur, que voilà déjà un homme qui dit ne m'avoir pas vu dans sa troupe. Permettez-moi de l'interroger sur son camarade ?

L'archevêque lui fait signe qu'il y consent. Gérald continue : Comment ton camarade a-t-il dit m'avoir connu ? — Voilà comme ça s'est passé : nous étions un matin, lui et moi, à regarder dans la rue à travers les barreaux de notre fenêtre ; mon camarade, bien plus âgé que moi, commençait à souffrir de la maladie qui l'a emporté. Ses yeux étaient même affectés, il voyait à peine. J'aperçois un hermite qui traverse la place, et je dis : Voilà ce saint cénobite de l'hermitage Saint-Fulgence qui passe ; tout le monde en parle comme d'un parfait honnête homme, et cela ne m'étonne pas ; car je lui dois la vie, moi. Il m'a rendu, en Bohême, dans le temps que je travaillais dans les forêts, le plus grand service. Il s'appelait, alors, M. Vernex. — Vernex, dit-il, en Bohême! eh, pardi, c'était mon camarade. — Bah! — Oui, Vernex était voleur, comme nous, dans notre bande. — Pas possible. — Je te l'assure. Il y était dans le temps où un certain baron vint nous dénoncer une chaise de poste, des voyageurs chargés de diamans, une bonne prise, ma foi! — Tu te trompes! — Non. Un brun, bel homme, un air hardi, imposant. — C'est cela. — C'est mon Vernex, te dis-je. Il est bien heureux d'être libre. — Il y a plus, il est, dit-on, estimé, protégé par monseigneur l'archevêque... Notre conversation continua sur ce sujet, et maintentant vous voyez que je ne dis rien que de vrai, quoique j'aie eu eu bien de la peine à croire cela. Oh ! je vous avoue que j'ai eu bien de la peine !

Ce récit paraît clair à l'archevêque, au chanoine, et au tremblant Fidély.

Gérald, sans se déconcerter, reprend la parole en ces termes : Voilà donc toutes les preuves ? — Les voilà ; elles suffisent, je crois ? — Sans te reprocher ton ingratitude, qui te fait, aujourd'hui, accuser ton bienfaiteur ; sans me plaindre de ton acharnement à le perdre, ce qui est une suite de la dégradation et de la scélératesse de gens de ton espèce, je te demande si tu aurais dû ajouter foi aux présomptions vagues d'un homme, presque aveugle, qui ne m'a pas vu, lui, apparemment ? — Il est vrai que vous nous tourniez le dos quand il me donna ces détails ; vous étiez même bien loin. — Ah ! à présent, quel âge avait ton camarade ? Mais soixante-dix à soixante-douze ans. — Fort bien ; si je prouve qu'il en avait trente lors de l'enlèvement de cette chaise de poste, de ces diamans ; car, monseigneur, vous reconnaissez là l'histoire du père de la belle Sygemonde, qui fut assassiné en Bohême, avec le jeune Théobald !... si je le prouve, dis-je ! Cela m'est facile à l'instant même. J'ai ici la lettre que cinq des brigands écrivirent dans le temps à Sygemonde, pour l'informer du meurtre de son père. La voici. On y trouvera, parmi les cinq signatures, celle de ce Vernex avec lequel on me confond. Que monseigneur daigne y jeter les yeux ?.. Il y trouve la preuve du rôle affreux que joua, dans cette circonstance, le baron de Salavas ?... Monseigneur distingue là la signature de Vernex, qui ne ressemble en rien à mon écriture ? Enfin, monseigneur remarque que la date de cette lettre porte l'année 1660 ; donc il y a quarante-un ans de cet événement ; le Vernex d'alors avait au moins vingt ans, pour faire un pareil métier ? Ce serait à présent un homme qui aurait passé la soixantaine, et daignez me regarder, monseigneur ? j'ai quarante-un ans ; je ne peux donc pas être ce Vernex qui se trouva à cette funeste affaire, l'année même de ma naissance ?

C'est vrai, dit l'archevêque étonné, et en remettant à Gérald la lettre des cinq voleurs, qu'il a lue avec effroi. Gérald poursuit, en s'adressant au délateur : Y a-t-il long-temps que ton camarade est en prison ? — Bah ! il y a plus de trente ans ! — Preuve de plus, monseigneur, que son Vernex n'a pu être moi, qui n'avais que onze ans lorsque le prisonnier qui vient de mourir fut arrêté. Voilà des preuves irrécusables. Il en résulte qu'il a existé, on n'en peut douter, un Vernex qui fut le camarade du prisonnier défunt, et que vingt ans après l'événement dont on parle, long-temps après que la bande des brigands a été dispersée, le hasard m'a fait prendre, pour nom supposé, le nom même de ce misérable, qui aurait aujourd'hui le tiers de plus que mon âge. On conçoit aisément que l'ami de cet homme-ci, entendant donner à un étranger, qu'il ne voit pas, le nom d'un de ses vieux camarades, ait cru que c'était en effet ce vieux camarade qui, par suite de ses remords ou de son grand âge, s'était fait hermite; mais cela ne prouve pas que je sois, moi, le personnage qu'il a connu, il y a trente ou quarante ans.

Le sage Ayrard répond : On ne peut pas mieux raisonner, et il est certain que c'est nous, Sably, qui devons des excuses au Frère Fulgence, pour avoir osé le soupçonner d'une pareille infamie. (*Il s'adresse au délateur.*) Coquin, prends bien garde à ce que tu diras dorénavant ? Mais pourquoi ai-je été si confiant ; aurais-je dû me compromettre avec un pareil misérable ! mille pardons, Frère Fulgence, mille fois pardon ! Devais-je penser qu'un... un homme tel que vous ! ah ! ah ! c'est une faute que je ne me pardonnerai jamais. Sortons, Sably ? C'est vous aussi qui m'avez fortifié dans mon erreur. Pouvais-je présumer que vous étiez assez ingrat pour chercher à nuire à l'homme qui vous a rendu un service signalé ! Je me trompe ; je devais vous connaître, et ne pas me fier à vos conseils ! Sortons.

L'archevêque est près de la voiture, il y va monter; le chanoine Sably, piqué de ses reproches, lui dit: Ce n'est point par ingratitude, monseigneur; mais je vous assure que cet hermite-là est un grand misérable: quelque jour, vous vous repentirez de vos bontés pour lui.

Un vieux laboureur, qui passe, entend ces mots; il lève sa tête blanchie par les années; il tire la basque de l'habit du méchant chanoine, et, le regardant avec des yeux étincelans, il lui dit, dans son idiome gascon : *Escouta, monseignou, Diou vous castiguera!*

Le vieillard se retire, le chanoine reste étonné, et l'archevêque, qui n'a pas entendu ces mots, monte dans sa voiture, en faisant signe à Sably de s'y placer aussi, ce qu'il fait, bien fâché de n'avoir pu examiner, interroger le vieillard qui vient de le menacer ainsi. Le délateur est remonté derrière la voiture, où trois vigoureux laquais l'empêchent de s'échapper, et tout ce monde regagne la ville.

Quand Gérald et son fils sont seuls, Gérald regarde Fidély avec un intérêt mêlé d'un sentiment naturel de curiosité. Il cherche à deviner, sur ses traits, l'impression que lui fait la scène qui vient de se passer.

Fidély reste muet. Il réfléchit, et, quoiqu'il soit satisfait, comme tout le monde, de l'explication claire et précise que Gérald vient de donner, il ne voit pas moins, dans tout cela, que si son père est innocent du crime qu'on lui imputait, son meilleur ami, son plus fidèle, son plus cher, Vernex, en un mot, est l'homme que le prisonnier mourant avait désigné. Vernex était de beaucoup plus âgé que Gérald, brun, grand, d'un extérieur imposant. Fidély se rappelle qu'après avoir entendu, de la bouche de son père, la fin de l'histoire de la belle Sygemonde, il lui demanda comment il avait pu savoir ce qui s'était passé dans la caverne des voleurs ; son père alors lui répondit : *J'y avais des amis !* Vernex était de ce nombre ; et Gérald a pu rester lié avec un tel scélérat !

Gérald voyant qu'il gardait long-temps le silence, lui dit à la fin : Eh bien, mon Fidély, que penses-tu de ce que tu viens d'entendre ? — Je pense, monsieur, que vous fûtes bien imprudent, en voyageant dans la Bohême, pour vos affaires sans doute, d'y prendre, pour déguiser votre nom, celui de votre.... de votre *ami* Vernex, que son vil métier avait rendu infamant, suspect et dangereux! — Quoi, tu présumes donc que notre fidèle Vernex fut celui dont a parlé ce délateur? — Et quel autre pourrait-ce être?

Il est interrompu par l'arrivée du vieillard qui a parlé gascon au chanoine Sably; ce vieillard se redresse, ôte sa perruque blanche, et Fidély reconnaît Vernex lui-même. Fidély frémit et veut sortir. Reste, lui dit Gérald d'un ton imposant; je t'ordonne de rester et de conserver ton amitié à cet excellent homme, que ton père honore de son estime: c'est t'en dire assez.... Mais, Vernex, pourquoi ce déguisement? — Je l'ai pris, répond Vernex, pour tout voir et tout entendre sans être reconnu. — Comment? — Quand M. l'archevêque va visiter les prisonniers, il prend toujours avec lui cinq à six des plus vieux pauvres honteux qui passent la journée aux portes de la cathédrale. C'est ainsi que je me suis introduit dans la prison, où j'ai entendu la délation de l'homme qu'on vient de vous amener. J'ai écouté de même tout ce qu'a dit le méchant chanoine qui l'accompagnait, et j'ai suivi la voiture jusqu'ici, où je me serais montré alors tel que je suis, pour confondre le délateur, dans le cas où vous n'eussiez pas pu le faire. Mais vous vous êtes justifié avec trop de clarté pour que j'eusse besoin de venir vous appuyer. Je suis resté sous mon déguisement, et je n'ai pu m'empêcher, tant j'étais indigné, de menacer le chanoine de la punition que Dieu réserve tôt ou tard aux ingrats et aux calomniateurs.—Comment avez-vous su tous ces nouveaux incidens ? — Il n'était question que de cela dans la prison, depuis le moment où le prisonnier en avait parlé au chanoine avant l'archevêque. Chacun vous regardait comme un brigand, se répandait en injures contre vous. Le concierge, qui me connaît, m'en a fait part, et, dès lors, j'ai jeté mes batteries de manière à pouvoir vous justifier, s'il le fallait, aux yeux de votre protecteur. — Je comprends... J'entends... Oui, je devine ce que tu aurais fait.

Fidély croit le comprendre aussi. Il pense que Vernex, pour justifier Gérald, se serait fait connaître pour le vil scélérat dont on parlait ; alors il sacrifiait sa tranquillité, sa liberté! Mais Fidély est bien dérouté quand il entend Vernex répondre à Gérald : Si j'avais été obligé de parler, je ne doute pas que monseigneur ne m'eût accablé d'éloges, de complimens ; mais je ne voulais pas dérober à mon ami des louanges dont il méritait au moins la moitié !

Des éloges, des complimens ! voilà ce que Vernex attendait en se signalant comme le brigand de la caverne des voleurs. Oh ! ceci passe Fidély.

A propos, dit Vernex, vous les verrez, Gérald ; ils viendront. Leur chef se présentera demain, cette nuit, peut-être. — Paix !... de la prudence ? qu'ils soient discrets, qu'ils ne marchent que de nuit, bien déguisés, sur-tout bien armés... qu'ils suivent ces ordres à la lettre, sans quoi nous serions tous perdus !... En voilà assez sur ce sujet ; dis-leur que je les attendrai.

Vernex fait, de sa tête, un signe d'obéissance, et se retire.

CHAPITRE XV.

Complot auquel on s'attendait.

J'AI vu, Salavas, ton cafard d'archevêque, dit Léonardo en entrant chez le baron. Il m'a reçu avec le ton le plus sec, le plus froid, le plus impérieux ! — Comment ? ne lui avez-vous pas dit qui vous êtes ? — Il sait tout.... tout ! ainsi ne me demande pas de détails qui seraient inutiles. Il s'obstine, plus que jamais, à protéger Gérald ; il fait plus, il veut absolument être médiateur dans son affaire, et arracher de nos mains une victime qui nous ôte tout espoir de succès, et peut nous perdre à son tour.... Il a déjà écrit à ce vieil imbécille, et il en a reçu une réponse. — Satisfaisante ? — Je ne le crois pas ; car il me l'aurait montrée. On se targue des services qu'on rend ; on aime à en publier les moindres preuves. Il m'a dit seulement qu'il avait une réponse (je te répète ses expressions), mais qu'il ne se rebuterait pas. Or, quand on dit qu'on ne se rebutera pas, c'est qu'on n'a pas reçu de bonnes nouvelles. — Je le crois comme vous. — Salavas ! il faut ici prendre un parti. — Lequel ? — Tu ne devines pas, esprit borné ! — J'avoue... — Ne vois-tu pas que l'ordre que nous avons de faire arrêter Gérald nous devient inutile, puisque cet archevêque le protége et l'a placé sous la seule autorité des lois canoniques ? Nulle puissance n'a de droits sur lui, dans ce siècle sur-tout où une cour, dévote à l'excès, accroît les priviléges des prêtres, qui en avaient déjà assez ! Louis XIV lui même, et son petit-fils, notre bien-aimé roi d'Espagne, Philippe V, ne pourraient empiéter sur les droits de ce maudit prélat d'Aquitaine ! il n'y aurait que le pape ; mais, ma foi, s'adresser au pape pour si peu de chose, cela n'en vaudrait pas la peine. Ne nous engageons pas dans de folles démarches. Ne t'ai-je pas écrit que j'avais des raisons très-fortes pour chercher moi-même Gérald en France ? J'ai des motifs pour croire que si je le ramenais en Italie, la chance pourrait tourner en sa faveur et contre nous. Il triompherait, Salavas ! c'est donc ici qu'il faut le perdre, et le perdre entièrement !... Puisque, par le sot engouement de cet archevêque, notre ordre est nul, n'y pensons plus, et vengeons-nous d'une autre manière...

— Je ne vois pas de quelle manière. — Comment, toi qui as de l'esprit, de l'expérience, l'usage de tous les moyens qu'on emploie quand on veut se défaire de ses ennemis !... — Je vous entends. Il faut qu'un breuvage morte... — C'est cela. — Ecoutez donc, seigneur Léonardo, savez-vous que vous me faites trembler. — Pour la première fois sans doute, enfant ! — Mais, si jamais cette action était découverte, si d'autres événemens, qui sont présumables, arrivaient, vous vous en retireriez, vous; c'est moi qui porterais la punition... — Comment veux-tu que cela se sache ? Gérald n'a plus ni femme, ni enfant qui puissent le venger. Si son fils vivait, à la bonne heure ; mais son enfant est mort, cela est bien certain ? — Très-certain. Du moins Le Roc m'a assuré qu'il était mort en venant au monde

monde dans la prison ; que lui-même l'avait jeté dans les fossés de la tour et encombré d'un grand tas de démolitions qu'on y voit encore. Le Roc est un homme sûr, je crois ? — Oh, très-sûr; s'il le dit, c'est qu'il l'a fait. Ainsi Gérald n'a personne qui s'intéresse à lui. Quand il ne sera plus, mes droits deviendront clairs, inattaquables, et je te comblerai de bienfaits. Il faut donc, mon ami, que, par ton adresse et des moyens infaillibles, ce misérable Gérald trouve la mort dans les alimens grossiers dont il se nourrit journellement; et cela promptement. Pendant ce temps, j'enleverai Inèsia, et nous partirons tous pour l'Italie, la tête de notre ennemi à la main. — Que dites-vous ? sa tête à la main ? — C'est une figure que j'emploie, je veux dire que nous y porterons des preuves irrécusables de sa mort. — Fort bien; mais vous dites que vous enleverez Inèsia? comment vous y prendrez-vous? — Je me charge de cette affaire; toi, termine l'autre, et sois sûr de ma reconnaissance.

Ce n'est pas le crime qui effraie Salavas; c'est la punition qu'il en redoute. Léonardo cependant lui fait tant de promesses, il lui offre un sort si brillant, que le méchant baron consent à lui donner cette horrible preuve de son dévouement.

Ils concertent entre eux ce qu'ils doivent faire pour réussir dans les deux projets qu'ils veulent entreprendre, et s'arrêtent à des moyens que l'enfer lui-même leur suscite..

Verrez-vous Gérald, dit Salavas? —Moi, pourquoi? qu'ai-je à lui dire? Si je l'avais fait charger de chaînes, il m'aurait vu alors; mais à présent que, ne pouvant attenter à sa liberté, nous voulons lui arracher la vie, il est inutile que je m'offre à ses yeux. D'ailleurs, il ignore sans doute que je suis en France, dans cette province. — Il le sait; la marquise le lui a dit. — Quel intérêt cette marquise ? — Pour son fils qui est avec Gérald. — Ah ! ce jeune cagot. Eh, que fait-il avec Gérald ? — C'est ce que tout le monde ignore. Il s'est pris d'une belle amitié pour lui, et a juré de ne jamais le quitter. — Ils ne se quitteront pas non plus ! — Quoi, voulez-vous sacrifier Fidély ? — N'est-ce pas mon rival, et un rival redoutable, puisqu'il est aimé d'Inèsia ? — Oh, non, non, je ne traiterai pas ainsi le fils de mon ami d'Arloy. — Allons donc, est-ce que tu as jamais eu des amis, Salavas ? doit-on en avoir, quand il il s'agit de voler à la fortune ! — Sur ce pied là, vous et moi, nous n'aurions donc pas d'attachement l'un pour l'autre ? — C'est différent, nous nous sommes réciproquement nécessaires, notre intérêt nous réunit. Comment, moi qui serais ton fils, vieux coquin, il faut que je te donne des leçons de philosophie ! laisse donc là tes scrupules et sers-moi.

Salavas se tut; mais il lui répugnait d'envelopper dans la chute de Gérald un innocent qui n'avait fait de mal à personne. Le baron, tout scélérat qu'il était, se promit secrètement de l'épargner.

CHAPITRE XVI.

Visites de tout genre; la scène change de nouveau.

Fidély, après le départ de Vernex, ne se permit plus de faire à son père de nouvelles questions auxquelles il aurait, comme à son ordinaire, répondu d'une manière détournée; mais le pauvre Fidély resta absorbé dans ses réflexions. Gérald en faisait de son côté d'une autre nature. Il pensait à la noire calomnie qu'on venait de débiter sur lui, et au danger qu'il avait couru de perdre la protection du prélat, ce qui l'aurait à l'instant même livré aux mains de ses ennemis. Il en trembla. Le sage Ayrard, se dit-il, est sage en effet, respectable sous tous les rapports, mais sévère observateur des lois de l'honneur. Il sait mes aventures ; il a daigné pardonner à une faute que bien d'autres auraient commise à ma place; mais si j'avais manqué à la délicatesse au point de m'avilir par quelque action indigne de moi, il m'abandonnerait, me mépriserait... que dis-je! a-t-il dû croire que je m'en fusse rendu coupable ? ne devait-il pas me connaître assez pour repousser une pareille accusation ! il l'a pourtant écoutée ! cela prouve que ce digne prélat est faible de caractère et crédule à un excès !... S'il est faible et crédule, il peut ajouter foi par la suite à d'autres fables inventées pour me nuire dans son esprit. J'ai des ennemis si vils que, n'osant et ne pouvant pas m'attaquer en face, ils auraient recours à tout ce qu'il y a d'atroce pour réussir dans leurs affreux projets. Je ne puis plus me fier à l'intérêt, au zèle, à la protection de ce vieillard, tout respectable qu'il soit. Ma liberté, ma vie même, il sacrifierait tout sur un faux rapport... Il faut donc quitter ces lieux... mais où aller ? que devenir ? Poursuivi, proscrit par-tout, je n'ai pas un coin de terre assuré pour reposer ma tête. O Paola ! tu fus plus heureuse que moi d'échapper par un trépas prématuré à tant de maux, à tant de terreurs ! Que ne peux-tu me recevoir dans ton sein ! je m'y précipiterais à l'instant, pour y jouir avec toi, près de toi, d'un éternel repos !... Mais mon fils ! je le laisserais donc seul en butte aux traits des méchans, aux rigueurs d'un sort qu'il n'a pas mérité ! non. Vivons pour lui, pour le former à l'école du malheur, pour le faire triompher un jour, si Dieu le permet, de ses lâches ennemis!... ils ne le sont pas encore. Heureusement pour mon Fidély, ils ignorent qu'il est mon fils. Ce secret important n'est connu que de Micheline, de Vernex, du prélat et de moi... Oh, si Salanvas, si Léonardo sur-tout le savaient!... ces scélérats chercheraient à le perdre avec moi. Réprimons néanmoins la fougue et les emportemens de mon jeune homme contre son rival... Fidély n'est pas encore au terme de ses épreuves ; je lui en ménage d'autres qui formeront tout à fait son caractère, et le rendront digne de ce qu'il peut être à l'avenir dans la société des hommes. Dieu m'est témoin que je conserve pour lui seul ma triste existence, dont le terme, prochain, éloigné, quel qu'il soit, ne peut m'éblouir, ni m'effrayer!

Telle

Telles étaient les pensées de Gérald, lorsqu'il vit s'avancer vers l'hermitage quatre évêques richement vêtus, qui venaient de descendre d'une voiture magnifique. Ces quatre vénérables prélats entrèrent, firent le signe de la croix et se prosternèrent jusqu'à terre pour saluer Gérald, au grand étonnement de son fils. Gérald, qui ne paraissait nullement étonné de l'honneur insigne qu'on lui faisait, pria les évêques de s'asseoir sur un simple banc de bois, ce qu'ils ne firent qu'après de vives instances réitérées de sa part. Gérald s'assit à son tour, et les pria, en italien, de ne parler que cette langue, ignorée du jeune hermite ici présent devant eux.

Le plus âgé des évêques prit alors la parole, et prononça, en italien, suivant la prière qu'on venait de lui faire, un très-long discours, dans lequel Fidély ne put retenir que le nom de Vernex répété plusieurs fois. Gérald lui répondit de la même manière; après quoi la conversation devint générale, toujours en italien, entre ces cinq personnages. Fidély crut comprendre qu'il s'agissait d'une lutte d'attachement, de protestations d'amitié réciproque. Les prélats semblaient faire des offres de services à Gérald qui paraissait les recevoir avec reconnaissance. Tantôt, on avait l'air effrayé; tantôt on se calmait, on se serrait la main avec tendresse, des larmes même roulaient dans tous les yeux; le nom de Léonardo était souvent prononcé, mais avec une espèce de terreur, et quelquefois avec mépris. Cette conférence enfin, ayant duré très-long-temps, les respectables prélats se retirèrent avec les mêmes égards, le même respect et les mêmes révérences.

Quand ils furent partis, Gérald dit à Fidély : Cette visite t'a étonné, mon ami, n'est-il pas vrai ? — Mon père, rien ne m'étonne plus. — Ce sont des dignes prélats que monseigneur m'adresse pour discuter avec moi sur un point de théologie. C'est beaucoup d'honneur que me font ces messieurs. — Par quel hasard, mon père, ces messieurs et vous, avez-vous mêlé, dans votre question théologique, les noms de Vernex et de Léonardo ? comment figurent-ils dans une pareille discussion ?

Gérald regarde sévèrement Fidély, comme s'il lui disait : je ne veux pas répondre à cela. Fidély fut forcé de se taire, et l'heure de la prière du soir rassembla les fidèles autour de l'hermitage, avant le coucher du soleil.

Fidély observa que, pour la première fois, son père faisait baiser, à tous ceux qui le désiraient, la relique que lui avait donnée le méchant chanoine Sably, renfermant un os du doigt de saint Léotalde. Fidély, dans un autre moment, n'aurait pas pu s'empêcher de rire, d'autant plus qu'il ne connaissait pas son père dévot à cet excès. Il présuma, ce qui était la vérité, que le prétendu Frère Fulgence voulait, par ce moyen, se donner de plus en plus la réputation d'un saint personnage aux yeux de ces bons compagnards, encore tout éblouis de la visite que quatre évêques venaient de faire à l'hermite.

Le lendemain matin, Gérald prétexta une affaire, sortit, emmenant avec lui le jeune sourd-muet, et ne revint qu'au bout de cinq heures. Pendant son absence, trois militaires à cheval, richement décorés d'épaulettes, de dragonnes et de plumets, descendirent à l'hermitage et le demandèrent à Fidély, étonné d'une visite d'un genre tout opposé à celle de la veille. Mon Frère, dit l'un de ces officiers, auriez-vous la bonté de nous faire parler au vénérable Frère Fulgence ? — Il est sorti, messieurs, et j'ignore quand il reviendra. — Il est sorti !

L'officier regarde ses deux camarades, et tous trois ont l'air consterné. Puis-je, dit Fidély, demander à ces messieurs le sujet qui les amène? — C'est un motif des plus importans, mon Frère, répond le premier officier. Nous venions d'abord lui présenter nos respectueux hommages, et lui donner des nouvelles de l'Italie.... de l'Italie ! entendez-vous ce mot? — Non, messieurs, simple confrère du bon Fulgence, j'ignore ses affaires. Je présume pourtant qu'il en a eues, qu'il en a encore de bien intéressantes dans cette partie de l'Europe ; mais je ne les connais pas.

L'officier se retourne vers les deux autres, en ajoutant : S'il en a fait un secret à ce jeune homme, nous ne devons pas le divulguer sans sa permission. Il est bien fâcheux que nous ne le trouvions pas ici. Les momens sont pressans ; on nous importune ; on nous sollicite, on veut agir, et nous ne pouvons rien faire sans l'autorisation de... du Frère Fulgence !... Il n'a qu'à s'y opposer... quel embarras ! quel mortel embarras !

Fidély réplique : Ne pourriez-vous l'attendre, messieurs, ou me laisser votre adresse ? — Je vais lui écrire.

Fidély donne ce qu'il faut pour

écrire. Quand l'officier a terminé une longue lettre, il la signe et la fait signer également par ses deux camarades. La lettre est enfin cachetée et laissée à Fidély qui promet de la remettre. Les officiers se retirent en priant Fidély de faire agréer au Frère Fulgence l'assurance de leur profond respect.

Gérald revient avec son jeune muet chargé d'un paquet enveloppé dans une toile bleue, et que Gérald serre sur-le-champ, sans le défaire, dans une valise fermant à clé. Fidély lui fait part de la visite des trois officiers, de leur conversation, de leurs propres expressions, et il remet la lettre qu'ils ont écrite. Gérald pâlit en la lisant ; puis il s'écrie : Quelle imprudence à eux de venir comme cela !...

Il s'arrête, voyant que son fils

l'examine avec la plus grande attention. Il déchire la lettre, sort et va en jeter les morceaux dans le Gers qui coule à cent pas de là. Fidély observe qu'à son retour il est pensif, triste, sombre, qu'il lève les yeux au ciel, qu'il se frappe le front, marche vite, lentement, et s'arrête de temps en temps comme un homme éclairé par quelque inspiration subite, ou qui ne sait à quel projet se fixer.

Il rentre enfin; mais c'est pour sortir de nouveau avec Vernex, qu'il voit accourir à grands pas vers lui. Tous deux semblent causer avec feu. Vernex a l'air de supplier Gérald; Vernex se jette même à ses genoux, et Fidély entend distinctement ces mots qu'il dit plus haut que les autres : *Si ce n'est pas pour vous, que ce soit pour votre fils ! vous êtes père et vous vous devez à un...*

Ici Vernex baisse la voix, Fidély ne l'entend plus. Que peut-il donc, se demande-t-il, entreprendre pour moi, et qu'est-ce que ces officiers lui ont proposé?....

La conversation de Gérald et de Vernex est longue. Elle se termine à la fin, et les deux amis se séparent.

Nos hermites avaient l'habitude, avant de se livrer au repos, de faire un repas frugal. Leurs provisions leur étaient envoyées exactement tous les deux jours, de la part de monseigneur, par un des gens attachés à sa cuisine; c'était des légumes secs, des œufs, des mets fort simples auxquels Gérald s'était borné par humilité, et comme faisant partie de la pénitence qu'il s'était imposée. Ce soir là, ils avaient à finir les provisions de la veille; mais Gérald, qui paraissait livré à un grand trouble, ne voulut pas y toucher; Fidély soupa seul, sans qu'aucun des deux proférât la moindre parole.

Ils se couchèrent.

A peine Fidély était-il endormi qu'il fut réveillé par quelqu'un qui frappa doucement à la porte. Frère Fulgence, dit Fidély, je crois qu'on frappe. A cette heure! qui pourrait-ce être? —On frappe en effet, Frère Angély, répond Gérald, et cela ne m'étonne pas; car j'attends du monde, cette nuit. — Du monde? qui donc? l'horloge de la cathédrale vient de sonner deux heures.—C'est la seule heure convenable pour recevoir les gens que j'attends. Ouvre, ouvre donc?

Fidély n'a pas plutôt ouvert la porte de l'hermitage qu'il voit trois hommes chargés chacun d'une lanterne sourde. Ces trois hommes en ont, à leur suite, une foule d'autres, mais déguenillés, misérables, et dont les figures, brunes, prononcées, atroces même, annoncent une profession bien redoutable pour les gens paisibles. Joignez à cela qu'ils portent des sabres, des pistolets à leur ceinture, et qu'ils cachent sous des manteaux aussi déchirés que leurs vêtemens. Les trois chefs, qui sont munis de lanternes, sont vêtus de la même manière, et ont l'air plus farouche encore que les autres.

Nous sommes perdus, s'écrie Fidély ! ce sont des voleurs ! — Ne crains rien, répond Gérald en souriant ; ce sont mes amis, ils ne te feront pas de mal. — Vos amis !

Les trois chefs entrent. Les autres restent à la porte, qu'ils encombrent. Fidély examine avec effroi ces figures épouvantables, dont deux lui sont inconnues ; mais que devient-il, en reconnaissant, dans la troisième, Vernex, Vernex lui-même ! Cet homme, qui fit jadis cet affreux métier, l'a donc repris? peut-être ne l'a-t-il pas quitté; car sans doute, dans sa maison, il s'absentait toutes les nuits, puisqu'il enfermait Fidély dans sa chambre, apparemment pour qu'il ne s'aperçût pas de ses absences nocturnes !... C'est bien Vernex, et c'est lui qui prend la parole : Nous voilà, dit-il, nous voilà tous, et prêts à vous servir au premier signal. — Je vous remercie, dit Gérald en souriant, je vous sais gré de vos offres; vous sentez qu'il m'a fallu réfléchir, combattre long-temps, avant de les accepter. Ils sont d'une nature à alarmer le plus intrépide des hommes. On ne se serait jamais douté que moi, Gérald, je me visse forcé un jour d'avoir recours à vous. Le sort m'y a contraint. Je suis des vôtres, messieurs ; je veux bien être votre chef ; mais qu'on ne se doute de rien ! Marchez tous isolément ; point d'attroupemens ; ils donneraient lieu à des soupçons ; nous serions tous perdus, je le répète. Quoique vous restiez souvent invisibles à mes yeux, je serai l'ame de votre troupe, et vous me trouverez par-tout où il y aura des dangers à redouter. Il est bien entendu que vous n'attaquerez pas qu'on ne vous attaque, ou si vous me voyez en péril. Il faut respecter le sang des hommes et ne verser que celui des agresseurs. Combien êtes-vous ? — Nous ne sommes ici (c'est Vernex qui répond) que soixante ; mais nous espérons en recruter deux cent trente à deux cent quarante, ce qui portera notre troupe à trois cents.

Oh, oui, il faut bien compter sur trois cents.— C'est ce qu'il faut. On se répand dans les bois, dans les champs, dans les villages, sur les routes, et l'on se réunit s'il en est besoin. Mais, encore une fois, je ne voulais pas tant de monde ; non, je n'en voulais pas tant. Votre zèle, votre ancien attachement pour moi...,

(Comme Fidély frémit à ces mots : *Votre ancien attachement pour moi !*)

« Oui, tout en vous m'a pénétré de reconnaissance ; mais ce parti est violent, je l'avoue, et il m'a fallu tantôt toutes les sollicitations de votre camarade Vernex pour me déterminer à le prendre. J'y suis résolu... le sort le veut... je m'y résous. Quant à vous, mes amis, mes fidèles amis, vous avez eu vraiment tort de désirer me voir. A cette heure, dans ces campagnes, si quelqu'un passait, que dirait-on d'un pareil rassemblement! Si monseigneur le savait, ô mon Dieu ! comment me jugerait-il !\ veuillez donc me prêter tous serment de fidélité, comme à votre chef, sensible et reconnaissant ».

Un des deux camarades de Vernex prononce en italien une formule de serment qui est répétée dans la même langue, mais à demi-voix par les assistans. Tous tirent le sabre, l'agitent en l'air, et semblent jurer en effet d'obéir à leur chef en tout ce qu'il lui plaira leur commander.

Gérald reprend la parole en français : Je reçois, dit-il, votre serment, persuadé qu'aucun de vous n'y deviendra parjure. Je vous en dois un aussi qui puisse vous rassurer sur les suites de ce que vous allez entreprendre. Car, si vous vous dévouez à moi, il est de mon devoir de m'attacher à votre fortune, de prévenir ou de partager vos dangers.

Ici Gérald poursuit en italien, et semble prononcer de son côté un serment dans le genre de celui qu'il a reçu de sa troupe. Il continue après en français : Allez, maintenant, amis chers et bien précieux pour moi ; ne perdez pas ici un temps qui pourrait vous devenir funeste. Vernex acquittera toutes les promesses qu'il a faites, en mon nom, à chacun de vous. Votre sort sera fixé au gré de vos souhaits, et s'améliorera, je l'espère, de beaucoup par la suite. Puisse votre destinée devenir aussi heureuse que je le souhaite, et comptez sur moi pour ce grand changement. Adieu, mes amis, adieu. L'aurore va renaître ; il ne faut pas qu'elle éclaire nos projets qui doivent être ensevelis dans la plus profonde nuit. Saluez tous le jeune marquis d'Arloy, que vous voyez, et qui nous secondera dans l'occasion. Je compte sur lui comme sur un autre moi-même.

Tous les assistans défilèrent les uns après les autres devant Gérald, et chacun d'eux le salua avec respect en passant; quand cette espèce de revue fut terminée, la troupe se retira, et Gérald ferma lui-même sur elle la porte de l'hermitage.

C'est ici que le lecteur doit bien plaindre notre Fidély, s'il se met un moment à sa place. Que peut-il penser de tout cela, ce pauvre Fidély ? Il tremble, il frémit, il est accablé par l'étonnement, par l'effroi, par la honte; car il ne peut douter que ce ne soit là une bande de voleurs, dont son père vient d'être nommé le chef. Et ce chef indigne ose compter sur son fils ! promettre son bras à ses odieux camarades ! Pour le coup, c'en est trop ; il n'y a plus de serment qui tienne ici, il faut que Fidély sache la vérité.

Gérald, voyant que le jour ne tardera pas à paraître, ne se recouche pas ; il se met en prière devant le prie-Dieu, et semble attendre que son fils, dont, au fond de son cœur, il plaint la situation, lui adresse la parole. Monsieur, lui dit ce fils justement irrité, jusqu'à quand espérez-vous vous jouer de ma bonne foi, de ma crédulité, et sur-tout de mon attachement pour vous ?—Que dis-tu, Fidély ? — Vous pouvez me le demander, après la scène repoussante dont je viens d'être témoin !—Qu'a-t-elle donc de repoussant, cette scène, mon ami ? — Je n'ai rien à vous répondre, monsieur ; vous allez encore me rappeler mon serment, me gratifier d'un nouvelle énigme. En voilà assez. J'ai des yeux ; j'ai su apprécier ces misérables, c'est tout vous dire. — Ces misérables ! comme tu les traites !... — Vous pouvez les trouver charmans ; pour moi, je les méprise comme des brigands qu'ils sont. — Des brigands ? ah, mon fils, si tu pouvais partager ma manière de les juger !...— Puis-je les voir des mêmes yeux que vous ! ô ciel !... quelle horreur !... L'auteur de mon existence est... — Tranche le mot ; il ne m'offensera pas ; toutes les apparences sont contre moi, je le sais, et je ne puis me justifier. — Je le crois ! mais moi, qui ne dois obéir qu'à l'honneur, je brise, dès cet instant, tous les liens de la nature ! et...

Gérald le regarde soudain d'un air très-froid, et l'interrompt en lui disant : Ainsi donc votre dessein, Fidély, est ?...—Oh! mon Dieu!—De me quitter sans doute, de retourner au château de la marquise. Allez-y, mon fils; vous êtes libre. Cette porte va s'ouvrir et se refermer à jamais pour vous! Allez, monsieur! — Homme cruel! expliquez-moi donc ce que vous venez de faire? — Vous l'avez vu? Ce sont, comme vous dites fort bien, des brigands qui m'ont nommé leur chef; Vernex est un brigand; je le suis moi-même, et j'ai voulu faire de vous un apprentif brigand, voilà la vérité, ou du moins vous croyez que c'est elle. Ma conduite, mes liaisons, les conseils que je vous ai donnés, tout a dû vous prouver que j'étais un homme sans foi, sans honneur, sans délicatesse; ou bien si vous ne m'aviez pas jugé tel, j'ai perdu tout à coup tout sentiment humain, et je me suis fait chef de voleurs, façon de penser tout à fait édifiante dans un fils qui posséde un père tel que moi. — Mon père! quelque chose me dit que j'ai tort de vous soupçonner, que je vous offense injustement... mais ces misérables, déguenillés, armés jusqu'aux dents, qui sont-ils ? —Pensez en tout ce que vous voudrez, mon fils... Vous le voyez, et je vous le redirai mille fois, ce n'était pas en vain que j'avais exigé de vous, sur les précieux restes de votre mère, le serment le plus sacré; je savais ce qu'il vous coûterait à tenir! Il était au dessus de vos forces ; n'y pensons plus ; je vous rends votre liberté... et, moi privé de mon fils, de tout ce qui pouvait m'attacher à la vie, je vais me livrer à mes ennemis. J'y cours de ce pas!

Il veut sortir ; Fidély l'arrête en s'écriant : Mon père ! — Ils vous auront bientôt délivré d'un père qui vous importune, vous afflige, vous tourmente, et que vous méprisez au point de le croire capable de descendre au rang des plus vils malfaiteurs. Laissez-moi sortir ; Léonardo me verra. — Je ne vous quitte pas, mon père ; je vous accompagne par-tout.—Quoi, devant même ce Léonardo? Allez lui dire que vous êtes mon fils ; vous lui livrerez deux victimes à la fois. — Mon père, en grace, rentrez, revenez? oh ! rentrez, et daignez oublier l'emportement d'un fils qui ne cessera de vous chérir, de vous respecter?

Gérald rentre, et Fidély continue : Mon père ! ma situation est aussi trop critique !... Il n'y a point sur la terre de fils plus infortuné que moi ! — Je le sais, mon Fidély; je ne lle sais que trop! Sois bien persuadé que personne ne te plaint plus que moi; je partage tes craintes, tes tourmens, tes inquiétudes, et jusqu'à tes soupçons, qui ont une sorte de réalité. Mais accorde-moi encore un peu de temps avant que je te révèle des choses que le destin me force à te cacher? Tu sauras tout, mon fils, et ton père n'en sera que plus pur à tes yeux! Plus le sacrifice que tu fais est grand, plus, j'ose te l'affirmer, la récompense sera grande et flatteuse, si je réussis!... mais je ne puis rien ajouter à ce mot. Ainsi donc, estime ton père, et vois-le comme un infortuné que le sort persécute, mais qui jamais, jamais! ne s'écarta de la voie de l'honneur et de la vertu.

Cette explication se termina, comme toutes celles qui l'avaient précédée, par des effusions de tendresse entre le père et le fils. Ils causèrent jusqu'au moment où l'envoyé de monseigneur leur apporta les provisions accoutumées.

C'était un très-jeune homme, qu'on avoit chargé de cette commission dès leur entrée à l'hermitage. Michel, c'était son nom, Michel, cette fois, entra pâle, tremblant, et balbutia ces mots : Frère Fulgence, monseigneur vous envoie ce vieux vin de Malaga, et vous prie d'en goûter sur-le-champ devant moi, afin que je lui rende compte de ce que vous en pensez; car il a l'intention de vous en offrir quelques bouteilles. — A moi, Michel? — Oui, Frère Fulgence; il dit que vous vous en servirez quand vous serez indisposé.

Gérald n'ose pas refuser monseigneur; il met quelques gouttes de ce
vin

vin dans un verre, et l'approche de ses lèvres.... Tout à coup, Michel se jette à ses genoux, en s'écriant : Ne le buvez pas ! Ce n'est pas monseigneur... C'est un monsieur qui m'a donné l'ordre de le dire. — Un monsieur ? — Oui, ils étaient deux... ô mon Dieu ! moi, je causerais la mort d'un homme, et d'un homme bon comme ce saint hermite ! O les vilaines gens ! je ne veux pas de leur or ! c'est qu'ils m'en ont promis beaucoup. — Qui donc, mon ami ? — M. de Salavas et un seigneur Léonardo. J'ai accepté la commission, mais pour vous sauver, pour vous apprendre qu'ils ont juré de vous ôter la vie, et que cette liqueur est empoisonnée... — Monstres affreux ! et toi, digne jeune homme ! comment te récompenser ! — Oh ! je le sais, puisque je vous sauve la vie. Un autre que moi aurait pu... — Que le ciel te récompense !...

Gérald ouvre un petit coffre, en tire une bourse pleine d'or, et force le jeune Michel à la prendre, au grand étonnement de Fidély, qui ne savait pas son père aussi fortuné. Michel part, sautant de joie, et Gérald, saisissant la main de son fils, lui dit : Nous sommes entourés de piéges ici ! Viens, Fidély, quittons cet hermitage, ce lieu, cette province, et allons chercher la sécurité, si nous pouvons la trouver sous un ciel moins inclément. — Eh quoi, mon père. — Partons ! — Où allons-nous ? — Je l'ignore. — Et monsieur l'archevêque ? — Je l'instruirai de tout ! — Il nous blâmera. — Il nous approuvera. — Quoi, quitter encore Inèsia !

Georges Vernex entre en s'écriant

avec effroi : Inèsia est enlevée ! — Inèsia ! — On l'a enlevée. — Qui ? — On ne sait ! — Léonardo ? — On l'ignore. — Ah ! mon père !

Gérald serre ses bras autour du corps de son fils : Viens, dit-il, suis ton père ! — Inèsia ! — Nous la retrouverons ! — Moi, vous suivre quand mon Inèsia !... — Balance-tu entre la nature et l'amour ! — L'amour, ah Dieux !... — La nature doit triompher. Viens, te dis-je ! — Ou m'entraînez-vous ainsi ? — A la fontaine Sainte-Catherine.

Gérald prend le bras de Fidély, mourant de sa douleur. Tous deux sortent de l'hermitage, dont Gérald emporte la clef, et ils marchent dans la campagne, suivis du jeune Georges et du bon Bénédy, que Gérald a chargé de quelques paquets.

Quand il a fait plusieurs pas,

Gérald s'arrête, s'écrie: O mon Dieu! protége le père et le fils dans la nouvelle carrière qu'ils vont entreprendre!

Ils s'éloignent.

FIN DU SECOND VOLUME.

TABLE
DES CHAPITRES
Contenus dans ce II.ᵉ Volume.

———

                              Pages

CHAPITRE I.ᵉʳ *Voyage sentimental.*   1

CHAP. II. *Station à l'hermitage.*   32

CHAP. III. *Un grand personnage entre en scène.*   44

CHAP. IV. *Suivons la procession.*   60

CHAP. V. *Entrevues qui ne mènent à rien.*   87

CHAP. VI. *Les méchans se devinent et se lient plus vite que les bons.*   113

CHAP. VII. *Tout le monde a-t-il perdu la tête !*   136

CHAP. VIII. *Mauvais accueil qui console les honnêtes gens.*   151

TABLE.

Chap. IX. *L'horizon se rembrunit.* 172

Chap. X, *qui prépare de nouveaux incidens.* 188

Chap. XI. *Eclaircissemens et projets inutiles.* 201

Chap. XII. *La jalousie nuit ici à l'amour filial.* 237

Chap. XIII. *Dénonciation qui peut changer la face des choses.* 250

Chap. XIV. *On s'explique ; mais cela n'est pas clair.* 261

Chap. XV. *Complot auquel on s'attendait.* 301

Chap. XVI. *Visites de tout genre ; la scène change de nouveau.* 300

Fin de la Table du II.ᵉ Volume.

www.ingramcontent.com/pod-product-compliance
Lightning Source LLC
Chambersburg PA
CBHW050802170426
43202CB00013B/2522